AF211497

Brigitte Romankiewicz

Ohne Maria kein Christus

Maria als Symbol spiritueller Erfahrung
und Raum der Individuation

Bibliografische Information der Deutschen Nationalbibliothek
Die Deutsche Nationalbibliothek verzeichnet diese Publikation in der
Deutschen Nationalbibliografie; detaillierte bibliografische Daten sind
im Internet über http: //dnb. d-nb. de abrufbar
© 2018 by opus magnum, Stuttgart (www. opus-magnum. de)
Erstauflage, Version 1.01
Umschlaggestaltung, Grafik und Layout: B. Romankiewicz, L. Müller,
unter Einbezug einer Ikone der Ikonenmalerin Giola Triantafilliá, Athen.
Herstellung: BOD – Books on Demand GmbH., Norderstedt
Alle Rechte vorbehalten
Print-Version: ISBN 13: 978-3-95612-019-0

Dieses Buch steht auch als PDF-Datei zum kostenlosen download zur Verfügung
bei www.opus-magnum.de

Brigitte Romankiewicz

Ohne Maria kein Christus

Maria als Symbol spiritueller Erfahrung
und Raum der Individuation

opus magnum

Inhalt

Zur Entstehungsgeschichte dieses Buchs.. 7

TEIL I 13

    1. Die Ketzerin 13
    2. Winke 19
    3. Ein ander Welt 23
    4. Seele: Raum der Inspiration und Imagination............................... 28
    5. Wo will man aber die Weisheit finden? (Hiob 28,12)................... 32
    6. Der Anfang.. 36

TEIL II 41

    7. Vorhang auf! 41
    8. Das Spiel beginnt.. 47
    9. Was kann aus Nazaret Gutes kommen? (Joh 1,46) 53
    10. Vom Andenken und der Andacht der Seele 61
    11. Die Wegweisung 67
    12. Im Tal des Vergessens 77

Teil III 83

    13. Maria – Natur, Erde, Materie... 83
    14. „Du kannst den Himmel nicht erreichen, wenn du die Erde verrätst.".......... 87
    15. Maria tanzt 93
    16. Maria emanzipiert sich 99

TEIL IV 103

    17. Maria als Mutter des „heiligen Sinns" und des symbolischen Lebens........... 103
    18. Braut Christi.. 111
    19. Geist der Inkarnation, Wasser des Lebens 117
    20. Verwurzelung im Geheimnis von Geist und Leib 126

TEIL V 133

    21. Raum für das schauende Leben.. 133
    22. Raum und Ort der Beziehung... 137
    23. Raum des Erkennens 144
    24. Raum des Göttlichen in der Materie 151
    25. Raum der Verwandlung 157
    Coda: „De Maria numquam satis" – über Maria ist nie genug gesagt 165

Literaturhinweise (Auswahl) 175

Das christliche Symbol ist ein lebendiges Wesen, das die Keime weiterer Erfahrung in sich trägt. Es kann sich weiter entwickeln, und es liegt nur daran, ob wir uns dazu entschließen können, über die christlichen Voraussetzungen noch einmal und etwas gründlicher nachzudenken. Dazu braucht es aber eine ganz andere Einstellung zum Individuum, das heißt zum Mikrokosmos unseres Selbst, als man sie bisher hatte. Man weiß nicht, welche Zugänge dem Menschen offenstehen, welche inneren Erfahrungen er noch machen könnte und was für seelische Tatbestände dem christlichen Mythus zugrunde liegen.

C. G. Jung, GW 10, § 542

Zur Entstehungsgeschichte dieses Buchs

Wie oft, wenn mir der nervzehrende Betrieb um mich herum zuviel wird, sehne ich mich nach einem stillen Ort, wo ich „zu mir kommen" kann, „*Mensch werden*". Nach einem *Raum,* in dem ich mich zugleich frei und umhegt fühlen könnte, einem zu friedvollem Verweilen einladenden Ort, sei es in der Natur oder in einem säkularen oder sakralen Gebäude.

Dass in immer mehr Menschen die Sehnsucht nach solchen Orten und Räumen – auch Zeit-Räumen – wächst, sieht man an den zunehmenden Meditations-und Kontemplationsangeboten der Klöster und Bildungshäuser, aber auch an selbstorganisierten Meditationskreisen mit ganz unterschiedlichem, oft nicht einmal religiös betontem Hintergrund: Einfach *dasein* dürfen, in Kontakt kommen mit einer Erfahrung von Geborgenheit, mit einer heilsamen Gegenwelt, einem umfassenden Ganzen, einer Selbst-Erfahrung, die unser Ich übersteigt: dieses kleine, ständig auf Ansprüche von außen und innen reagierende Ich.

Diese Sehnsucht ist ein dem Menschen mitgegebenes, sozusagen „eingeborenes" Bedürfnis. Die Ahnung einer Kraft, die uns von heroisch überreizten Anstrengungen des Machenmüssens, der Zielfixierung und Durchsetzung in ein stilles Werdenlassen entlässt. Einer befreienden Weisheit, die uns erlaubt, uns – zumindest eine zeitlang – als Angekommene zu erfahren in einem Selbst, einem Geheimnis, das den spirituellen Kern unseres Menschseins ausmacht.

Dieser Ahnung liegt ein seelisches Urbild zugrunde, und wie allen archetypische Kräften auch hat sie eine Entsprechung in der Welt der religiösen Bilder, die zwar je nach Kulturepoche und Kulturkreis verschieden aussehen können, aber dasselbe meinen. Allerdings kann ein bestimmtes archetypisches Bild im religiösen Bewusstsein einer Kultur auch verblassen. Es kann bis zur Unkenntlichkeit entstellt oder entwertet werden oder sogar ganz aus der religiösen Reflexion verschwinden. Aber eliminierbar ist es nicht. Im seelischen Untergrund bleibt es immer aktiv, auch wenn das rationale Bewusstsein ihm seinen Wert abspricht. Denn keine urbildliche Kraft ist für die Evolution unserer Selbsterkenntnis, für unsere spirituelle Erfahrung und für die Sinnhaftigkeit unserer Menschwerdung entbehrlich.

Um ein solches Symbolbild soll es hier gehen, um ein christliches: Um Maria. Um Maria als haltgebendes Symbolbild eines für unsere spirituelle Entwicklung unverzichtbaren, ahnungsvollen Erfahrungs-, Wandlungs-und Werderaums, als ein Symbolbild, zu dem wir im Begriff sind den seelischen Bezug zu verlieren.

Ich weiß, dass heute nach vorherrschender Lesart beider Konfessionen Maria immer nur „auf Christus hin" gesehen werden darf. Der Sohn und Heros steht auf dem Glaubenstreppchen weit über der Mutter, die ja „nur" Mensch ist (als sei dieser nicht der Angelpunkt unseres Fragens ....).

Während aber Maria katholischerseits dennoch einen beachtlichen Bedeutungsradius behalten hat, spielt sie im protestantischen Bewusstsein nur noch die Rolle einer funktionalen Randfigur. Eines *„Nichts-Als"*: *Nichts als* ein Mädchen aus dem Volk, das Gott benutzt hat, um seinen Sohn zur Welt zu bringen. Eine ehrenvolle, aber definitiv subalterne Aufgabe ohne „heilsrelevante" Bedeutung. Allenfalls als Vorbild im Glauben darf sie gelten.

Welch eine extreme Reduktion angesichts der Bedeutungsfülle und dem religiösen und künstlerischen Interesse, das Maria bis zur Reformation erfahren hatte, welch krasser Gegensatz zu dem Ansehen, das Maria in unzähligen Fassetten nicht nur in der Volksfrömmigkeit genoss! All die Bildwerke, Dichtungen, Hymnen, Kompositionen, Orte, Kirchen, die Maria gewidmet sind! Alles Fehlwege, Irrtümer, sentimentale Ausschweifungen ohne Substanz?

Die Zeit nach der Reformation hat gründlich ausgeräumt. *Solus Christus* – allein um die Christuserfahrung soll es gehen. Aber setzt nicht jede Neugeburt einen „Mutter-Raum", jede Erkenntnis und Wandlung einen ermöglichenden seelischen Raum voraus, um zu werden, zu wachsen, zu reifen? Kann man diesen Raum einfach als das „Uneigentliche" überspringen und ganz direkt hineinspringen in das Christusgeheimnis als das „Eigentliche"?

Maria ist von Christus nicht zu trennen ohne schweren Verlust für den vorbewussten Ordnungsgrund, aus dem wir leben, und für unsere Selbst- und Menschwerdung. Sie hat eigene Substanz, eigenes Wesen. Um dieses zu erfahren muss man das bildhaft Symbolische ernst nehmen, ihm nachspüren, es befragen, bis es zu einer ureigenen, persönlichen Erfahrung wird.

Wie nun meine Befragung diesmal angefangen hat, wie Maria meine Ahnungen, Imaginationen, Intuitionen immer weiter beschäftigt, davon handelt dieses Buch. Es handelt von der Erfahrung, dass Maria ein Resonanzraum spirituellen Lebens und der Erkenntnis dafür ist, dass wir außer in unseren leiblichen Bedingtheiten auch noch in einer anderen Dimension beheimatet sind. Mein anfangs lockerer Tonfall samt stilistischen Rösselsprüngen sollte über diese Überzeugung nicht hinwegtäuschen.

Dies ist kein Sachbuch. Es begann als eine persönliche Befragung, als Experiment, in das zweifellos meine Studienfächer, zu denen Kunst und Religion gehörten, und meine spätere intensive Beschäftigung mit der Psychologie C. G. Jungs hineingespielt haben. Mitspielen sollten sie, wie auch meine lange Erfahrung auf dem Gebiet der Symbolforschung. Spielerisch wollte ich mich vom „Zu-Fälligen" leiten zu lassen – von Ahnungen, Zeichen, Winken, ein „*work-in-progress*", dessen Scheitern ich in Kauf nahm. Trotz aller Risiken sollte immer meine situative Intuition, meditative Imagination, persönliche Assoziation und das, was mir von außen entgegenkam an erster Stelle stehen. Dadurch sind kaleidoskopische Sichtwechsel entstanden – von denen aber keiner grundlos ist, und ich hoffe auf die Bereitschaft des Lesers, sich darauf einzulassen. Mir auch nicht übel zu nehmen, dass ich so wenig wie möglich zitiert habe, obwohl mich die Lektüre vieler prominenter Autoren begleitet und inspiriert hat (ihre Werke sind im Anhang genannt).

Aber viel wichtiger als „akademische Korrektheit" war mir die Ermöglichung einer Vision: Was uns Maria auch als zukunftsweisende inspirierende Kraft und Haltung bedeuten *könnte* – wenn man denn willens wäre, erstarrte „aufgeklärte" Glaubenspositionen auszuweiten und zu überschreiten.

Glücklich wäre ich, wenn ich dadurch Anregung geben könnte zu fruchtbarem Weiterfragen danach, wer Maria *ist* in diesem Spiel *„grässlich vermännlichter Vorstellung des Göttlichen"* (Teilhard de Chardin), die das Christentum nach wie vor beherrscht. Welche Stimme wird in ihr kleingehalten? Ist es vielleicht genau die Stimme, der wir heute lauschen müssten, um anders mit uns und der Welt umzugehen? Eine Stimme, die uns in den Wandlungsraum eines individuierten Menschseins ruft? Eine beziehungsfördernde, von weisheitlich-femininem Eros getragene Stimme der Seele, bewahrend und doch herausführend aus einer technizistischen Einseitigkeit, in die uns eine mehr und mehr desaströs wirkende Art zu denken und zu handeln geführt hat?

Keinen Augenblick möchte ich Maria missbrauchen zur Regression in ein vermeintliches Paradies unter dem Vorzeichen der Göttinnen der Vorzeit. Aber wir sind in der Degradierung des spirituell Weiblichen zu weit gegangen. Ein Umdenken ist nötig, ein Abwehr und Bewusstseinsspaltung überwindender, integrativer Bewusstseinsschritt, denn die Verhältnisse in der Welt zeigen, dass es höchste Zeit wäre, zu fragen, wie wir emotional differenzierende, ganzheitlich orientierte Seelenkräfte zurückgewinnen können, weitherziges Spürbewusstsein für die Achtung der Würde allen Lebens – nicht nur des Menschen, sondern auch gegenüber der Natur, der *ganzen* Schöpfung, dem Kleinen und Schwachen. Wir müssten uns neu einüben in eine empathische Intelligenz und eine kreative Haltung sowohl des Neudeutens als auch des sorgsamen Werden-Lassens und Bewahrens, der Geduld und des Wartenkönnens anstatt der rastlosen Flucht in das heroisch geprägte Machen und Erzwingen.

Wo ist sie hingekommen, die *Anima Mundi*, die vergessene Weltseele, Geheimnis göttlicher Weisheit, die als Gottes Geliebte die Welt miterschaffen hat? Wo ist die Würde der Seele hingekommen, die den Mystikern einst als Sitz des Göttlichen galt? Wohin hat uns unsere Entwertung der Kreaturen, der Erde hingebracht? Unsere fragmentierende Art, alles den Prioritäten von Wirtschaftlichkeit, Effizienz, „Wissenschaftlichkeit" unterzuordnen? Selbst in den kirchlichen, theologischen Diskursen? Tragen die christlichen Symbole nicht mehr oder traut man ihrer Lebendigkeit, ihrer Entwicklungsfähigkeit zu wenig zu? Das jedenfalls vermutete C. G. Jung, der die Individuation des Einzelnen und seine Verwurzelung in einer persönlichen spirituellen Erfahrung als das einzig mögliche Gegengift gegen die Gefahren der Massengesellschaft sah.

So wie er, sehe auch ich das christliche Symbol als „lebendiges Wesen", das eine kreative Rolle spielt in der Grundlegung unserer „Menschwerdung", unserer „Eigentlichkeit": Um das zu erfahren bedarf es des sich Einlassens und *Schauens*.

Und das ist es, was ich hier will: *Schauen*, was es mit dem Bild, dem spirituellen Gleichnis Maria, ihrem Mythos auf sich haben könnte, in dem sich Konkretes mit Universalem verbindet. Und ob wir von dorther eine neue, spirituell schöpferische Einstellung gewinnen könnten.

Immer wird mir bei meiner Befragung Hintergrund und Orientierung sein, was C. G. Jung das „*symbolische Leben*" genannt hat und Novalis den „*heiligen Sinn*", nie ohne Anker in meiner eigenen Intuition und Erfahrung – und der Tradition.

Zum Mitreisen in diesem Expcriment lade ich ein.

TEIL I

1. Die Ketzerin

Mit fünfzig trat meine Patentante, die Schwester meiner Mutter, zum Katholizismus über. Von nun an hieß sie mit dem zweiten Vornamen Maria. Das war 1950, als Papst Pius XII. die leibliche Aufnahme Mariens in den Himmel zum Dogma erklärte. Der Papst gab damit etwas offizielles Gewicht, was schon seit mindestens eineinhalb Jahrtausenden empfunden und praktisch verankert war: Die Vorstellung einer gestalthaft weiblichen Präsenz im religiös männlich dominierten Himmel, in Maria personifiziert als Wärme, Anmut und kreatürliche Mütterlichkeit, die nicht moralisiert und über niemand ein Urteil fällt.

Der heutige Papst Franziskus bekräftigt dies in aller Schlichtheit: *„Dem Herrn gefällt es nicht, dass seiner Kirche das weibliche Bild fehlt."* (Maria, S. 65). Mehr noch: *„Das Volk liest in Marias mütterlichem Bild alle Geheimnisse des Evangeliums."* (*Evangelii Gaudium*, 2015)

Für den vorwiegend textkritisch geschulten, aber mit symbolischer Schau wenig vertrauten Protestanten kann das nur Rückfall und Verirrung bedeuten: Ausgerechnet *Maria* als *Bild aller Geheimnisse des Evangeliums!*

Doch Papst Franziskus weiß sich in traditioneller, altehrwürdiger, gut 1700 Jahre alter Gesellschaft: In einem Hymnus des Gregorius, Bischof von Neu-Cäsarea (gest. 275, Schüler des Origines) nämlich wird Maria genau in diesem Sinn besungen:

Du Abglanz des Lichtes
im hohen Reich des Geistes,
in dir wird der Vater verherrlicht,
der ohne Ursprung ist
und dessen Macht dich überschattet hat.
In dir wird der Sohn angebetet,
den du dem Fleisch nach im Schoß getragen hast.
In dir wird der Heilige Geist gefeiert
der in deinem Leib
die Geburt des großen Königs gewirkt hat.

Durch dich, Begnadete
konnte die heilige und wesensgleiche Dreifaltigkeit
in der Welt erkannt werden.

Nicht nur „das Volk" also sah in Maria einen Mikrokosmos, in dem sich der Makrokosmos spiegelt. Auch die höchsten religiösen Würdenträger des frühen Christentums erkannten in ihr den person-, leib-und bildgewordenen Imaginations-und Erfahrungsraum, in dem die Erkenntnis der „Geheimnisse des Evangeliums" in der ganzen Beziehungsdichte erwacht!

Meine Tante ahnte das, war sich wahrscheinlich sogar dessen sicher. Sie wäre also auch mit Papst Franziskus' Sichtweise zufrieden gewesen.

Ihr Vater (christlicher Volksschriftsteller), ihr Großvater (Pfarrer) samt der ganzen evangelischen Sippe, wären auch zufrieden gewesen, da es klar zeigt, wie richtig es war, dass Herzog Ulrich 1534 Württemberg für lutherisch erklärt hatte samt allen diesbezüglichen Folgen.

Eine Zeit lang konnte nun meine Mutter ihre Schwester nicht mehr zu Familiengeburtstagen einladen. Es hinderte sie aber nicht, die Tante trotz der Szenen meiner Großmutter (die im Haus wohnte) doch hin und wieder zu beherbergen oder zu besuchen und lange Gespräche mit ihr zu führen.

Denn genaugenommen waren auch meiner Mutter die evangelischen Gottesdienste mit ihren vielen Buß-und Reu-Appellen eigentlich zu trist, und in den Sommerferien im Südschwarzwald besuchten wir darum oft und gern prächtig-schöne barocke Kirchen und Wallfahrtskapellen mit Gnadenbildern der Maria und schauten uns die Prozession am 15. August (Mariae Aufnahme in den Himmel) an, wo im protestantischen Württemberg nicht einmal Feiertag war.

Ich glaube, meine Mutter wäre auch ganz gern katholisch geworden, aber sie fürchtete um ihr Ansehen als Lehrerin, im Ort und in der Familie. Darum wurde sie nur in den Sommerferien, wo ihr gleichgültig sein konnte, „was die anderen denken", ein bisschen katholisch. Ein bisschen hat sie wohl auch meine Tante bewundert und beneidet. Die war unverheiratet und unabhängig und nahm keine Rücksicht darauf, was die anderen sagen. Und sie hatte sich auf den Namen „Maria" taufen lassen, durfte offen zu ihr beten, sie um mütterliche Hilfe bitten: „O Maria hilf!" Hat Maria ihr womöglich zu solcher innerer Unabhängigkeit verholfen?

Die Taufkerze meiner Tante habe ich noch. Es ist eine zierliche Kerze, die offensichtlich nur für einen kurzen Augenblick angezündet worden ist, geschmückt mit einem goldenen Kelch (*„vas spirituale"*) auf plastischen weißen Wolken, darunter ein symmetrisches Gebinde mit Rosen (*„rosa mystica"*), kleineren Blümchen und viel goldenem Blattwerk, das sich weiter unten in Goldgirlanden und schönen Ornamenten fortsetzt.

Im protestantischen Umfeld, in dem ich aufgewachsen bin, war man mit prangenden Blattornamenten, Gold und Rosen eher knausrig. Wären sie denn nicht eine wunderbare Erinnerung an die Schönheit der Schöpfung, wenn man schon nicht Maria als *rosa mystica* verehren darf und sie um Beistand, ja sogar Wunder bitten? Warum kein *„Gegrüßet seist du, Maria"*? *„Chaire, freue dich!"* grüßt doch der Engel im griechischen Lukasevangelium (Vers 1,28). Dürften wir uns da nicht mitfreuen? Gar mitleben?

Meine Tante konnte jedenfalls, wenn sie den Rosenkranz betete, das Gefühl haben, selbst am mystischen Ort der wunderbaren Begegnung zu sein, wo ihr (von einer womöglich erotischen) Engelsstimme Freuden gebracht würden. Beneidenswert.

Dem evangelischen Christen sind Kreuz und Leiden ihres Herrn, vor den er unbegleitet treten muss, wichtiger als Rosen und lilienbringende Engel. Er hat keine überirdische Mutter, die mit auf dem Himmelsthron sitzt und in Notfällen auf der Erde eingreift – sogar zuweilen vor der Strafe des Vaters schützt. Letzterer stellt meist strenge Bedingungen und muss devot an einstige Versprechen seiner Barmherzigkeit erinnert werden. Diese deutet allerdings im Hebräischen auf einen „Mutterschoß" (*rechem*), der doch irgendwie auch eine Gottesgattin voraussetzt. Doch hat der Vater sie irgendwann usurpiert, vielmehr ist sie durch den Eifer jüdischer Religionswächter verloren gegangen, und schließlich zu einer diffusen, körper- und bildlosen Idee geworden. Wohl deshalb vergißt sie der himmlische Vater auch leicht und lässt sich von Zorn hinreißen. Als wolkenthronendes Geistwesen scheint er auch oft sehr weit von den kleinen, lebenspraktischen Nöten der Erdbewohner entfernt.

Umsomehr schätzte er vermutlich später die aus diesem Volk stammende Maria. Als resolute, leib-und realitätsbezogene Person voll mütterlicher Wärme, Barmherzigkeit und Milde wurde sie bekannt, und als eine die sich auskennt in Menschendingen weiß sie immer, was gerade nottut. Es wird berichtet, dass sie einst sogar ein Nönnlein, das in Kindsnöte kam, über einige Zeit im Offizium vertreten habe, bis sich die Dinge unauffällig und straflos regeln ließen.

Maria kümmert keine Moral. Maria hat geholfen. Sind die Katholischen nicht zu beneiden?

Die Protestanten wollen sich nur von Jesus-Christus helfen lassen. wobei nach meiner Erfahrung die Vorstellung zwischen historischer Figur und transpersonaler Symbolgestalt ziemlich durcheinander geht.

Ein beliebter Spruch, den ich in meiner Kindheit oft hörte, war auch, dass „wir Evangelischen" nicht erst zur „Apotheke" gehen, sondern gleich zum „Arzt". Und wie mir eine Bekannte, Altphilologin und renommierte Kennerin antiker Mysterien und durchaus transkonfessionell orientiert, kürzlich erzählte, hat in ihrem Wohnort bei München kürzlich ein evangelischer Pfarrer von sich gegeben, als Protestant brauche er keine „Vorzimmerdame".

Aus beiden Sprüchen spricht zumindest (um einmal das Niveau beiseite zu lassen) von einem für den stets zur zerknirschten Selbstanklage bereiten Protestanten erstaunlichen Hochmut. Als Katholik hätte er (Selbsterkenntnis vorausgesetzt), „Hoffahrt" zu beichten und vielleicht soundsoviele Rosenkränze zu beten.

Maria allerdings würde ihm auch ohne dies verzeihen, sähe ihn durch seinen Mangel an Verständnis für ihr Geheimnis schon genug gestraft. Und würde ihm ihr schönstes, mildestes Mutterlächeln schenken ...

Für mein Experiment, dem ich hier folge, bleibt die Frage: Warum ist Maria so in Misskredit geraten?

Der von unstillbarer Sündenangst gebeutelte Martin Luther hatte noch ein gutes, ich würde sagen bemerkenswert inniges Verhältnis zu Maria. Eines seiner ihr gewidmeten Gedichte ist dieses:

Sie ist mir lieb, die werte Magd, und kann ihr nicht vergessen.
Lob, Ehr und Zucht man von ihr sagt, sie hat mein Herz besessen.
Ich bin ihr hold, und wenn ich sollt
groß Unglück han, da liegt nichts dran;
mit ihrer Lieb und Treu an mir, die sie zu mir will setzen
und tun all mein Begier.

Welch minnigliche Zartheit, welcher Glaube an ihren tröstenden Beistand, ihre bedingungslose Treue, welche Musik!

Doch Luthers Nachfolger erwiesen sich zunehmend als marianisch und symbolisch völlig unmusikalisch. Vor lauter Wortklauberei und historischem Steineklopfen übersahen sie, dass der Titel „Magd des Herrn" und die „niedere Herkunft" Marias dasselbe Geheimnis birgt wie die Geburt des Gotteskindes im Stall und sein späterer schmählicher Tod am Kreuz.

Meine Patentante, vielseitig musikalisch und Tochter zweier Geschichten-und Romanschreiber mit ausgeprägtem Instinkt für das Symbolische, Hinter-und Untergründige, hatte das erkannt.

Als ich vielleicht siebzehn war, überraschte sie mich mit einem selbstverfassten Traktat mit der Überschrift *„Rettet den Mythos!"*. Das war zu der Zeit, als sich streitbare evangelische Theologen, daran gemacht hatten, die christliche Religion des mythischen Zaubers so weit wie möglich vollends zu entkleiden. Das hatte auch mich erfasst, und ich trug eine Taschenbuchausgabe mit Essays von Jean-Paul Sartre wie ein Gebetbuch mit mir herum. Ich war „Existenzialistin" und litt unter düsteren Gefühlen des „Geworfenseins". Vom Marientrost höllenweit entfernt.

Insofern erschien mir auch das sauber getippte Blatt meiner Tante wie eine Botschaft von einem längst untergegangenen, dennoch etwas unheimlichen Stern. Ich nahm es höflich, aber sozusagen innerlich mit spitzen Fingern entgegen, überflog es mit dem unangenehmen Gefühl eines vorgestrigen Spuks und schickte es bei Gelegenheit mit einem freundlich ablehnenden Brieflein zurück. Meine Tante hat darüber nie wieder ein Wort verloren.

Ungefähr zehn Jahre später fing ich an, mich mit den erstaunlichen Einsichten des Leib-und Seelenarztes C. G. Jung in den Prozess der Reifung und Selbstwerdung des Menschen („Individuation") zu befassen, die sich seiner Ansicht nach in den großen Mythen und Symbolen der Menschheit spiegelt. Da holte mich die Erinnerung an das maschinengetippte Blättchen, das ich so verächtlich behandelt hatte, wieder ein, und mit ihr ein merkwürdig schlechtes Gewissen und das Gefühl, etwas sehr Wesentliches falsch gemacht oder zumindest versäumt zu haben. Letzteres nahm mit den Jahren zu.

Meine Tante ist leider gestorben, bevor mir klar genug war, welcher Art dieses Wichtige war. In ihrem Nachlass fanden sich aber eine Reihe von Büchern, die außer mir niemand haben wollte. Darunter schöne Bildbände mit romanischer Kunst, Mariendarstellungen, Schriften zu Heinrich Seuse, mit dem sie sich als Ulmerin besonders befasst hatte, ein paar Bändchen C. G. Jung, Martin Buber, Romano Guardini, Dantes „*Göttliche Komödie*", Rainer Maria Rilkes „*Marien-Leben*", aber auch Rudolf Steiners „*Das Christentum als mystische Tatsache*", ein zweibändiges Werk zur griechischen Mythologie und Alan Watts' „*Mythus und Ritus im Christentum*" – und schließlich Heiligen-und Ketzerviten von Walter Nigg. Sie alle öffneten mir Türen, die ohne meine Patentante Gerta Maria vielleicht verschlossen geblieben wären.

Jedenfalls hat sie mir damit sehr geholfen.

2. Winke

Ich habe nämlich inzwischen noch einiges gelernt. Durchaus auch durch mein Studium der höchst kreativen Psychologie C. G. Jungs. Unter anderem, dass es das Leben interessant macht, auch Dinge und Geschehnisse, die einen zunächst eher unangenehm, spukhaft berühren, genauer anzusehen. Sie als „Wink" zu sehen, als etwas, das uns aus einer anderen Sphäre ein Blinkzeichen zuzwinkert. Inzwischen habe ich ein ausgesprochenes Faible für dieses Blinken und Winken. Alles, was andere als „Zufall" ansehen, bin ich geneigt, darauf zu untersuchen, was mir da möglicherweise zu-fällt, mir ein neues Licht aufstecken will.

Durchaus mit Verständnis für jene, die zu solchen Winken lieber auf Abstand gehen, denn das Ernstnehmen bringt oft einen energischen Aufforderungscharakter mit sich, und das kann anstrengend werden. Vom Essay meiner Tante dürfte damals so etwas ausgegangen sein, sonst hätte sich seine Überschrift nicht wie eine Art unsichtbarer Rosendorn in meine Erinnerung eingegraben, als ein fortan reizempfindlicher Punkt.

Dieser reagierte dann äußerst heftig, als ich vor über zwanzig Jahren in Maria Einsiedeln zum ersten Mal einer Schwarzen Madonna gegenüberstand, schwarz nicht als altersbedingte Nachdunkelung oder Rußschwärzung (womit „aufgeklärte" Skeptiker gern abwehren), sondern samt Kind eindeutig, absichtsvoll und kunstgerecht mit schwarzer Farbe versehen.

Ich werde diesen Augenblick nie vergessen, diesen geradezu atavistischen Schrecken, in dem mir aus dieser abgrundtiefen Schwärze etwas zuwinkte, was der Marburger Religionsphilosoph Rudolf Otto (geb. 1869) „das Numinose" nannte. Er meinte damit den Inbegriff eines schwer zu beschreibenden „heiligen Schauers" und hatte sich das nicht aus den eigenen Fingern gesogen. Vor einem Wink aus der Sphäre der Götter, dem „numen", einem göttlichen Zeichen, hatte man schon in alten heiligen Zeiten den allergrößten Respekt. Wer seinem Aufforderungscharakter nicht nachkam, stürzte unweigerlich ins Unglück.

In meinem Fall hat der dunkle Glanz der Madonna die bereits durch das feine Papierwinken meiner Patentante labilisierte Protestantenhaltung vollends ins Wanken und in Bewegung gebracht (was ins Bedeutungsfeld des Winkens gehört).

In den folgenden Jahren entdeckte ich bei Reisen kreuz und quer durch Frankreichs urtümliche Mittelgebirgslandschaften so überwältigend viele und schöne dunkle und helle Madonnen vom Typ der „Thronenden" an den eigenartigsten Orten und mit eigenartigsten Geschichten, dass sie mich zwangen, meine Empfindungen und Assoziationen zu sortieren. Also schrieb ich ein Buch darüber.

Doch damit war die Sache nicht erledigt. Die Reizempfindlichkeit hinsichtlich Maria blieb. Ich würde fast sagen, sie steigerte sich sogar, weil ich immer genauer hinschaute. Dazu kam eine gewisse, in langen Jahren des Symbolforschens und -deutens erworbene Übung des Erkennens im Zusammenspiel von Winken aus den verschiedensten Bereichen. Die Raffinesse dieses Zusammenspiels besteht nämlich darin, dass es wie beim Drehen und Wenden eines Kaleidoskops immer neue Muster entstehen lässt, und wie beim Spiel mit dem Kaleidoskop sind die Möglichkeiten so ziemlich unendlich.

Dennoch scheint sie eine unsichtbare Macht immer neu zu einem staunenswerten Ganzen zu ordnen. Für diese unsichtbare Macht (die bei einwandfreien Kaleidoskopen hoffentlich nicht mit in Erscheinung tritt), gibt es sogar eine biblische Parallele im Buch der Weisheit (7,26), einen Wink aus der Sphäre des göttlichen Spiels, das wir Schöpfung nennen. Die bei diesem *work in progress* unverzichtbare göttliche Gespielin spiegelt dort die Gotteskräfte, dieses unablässige impulsive Feuerwerk an Winken und Zeichen auf menschenfreundliche Weise und kleidet sie bildhafte Gestalt.

Bis in die menschlichen Seelen-und Hirnwindungen hinunter braucht es jedoch noch einiger Einkleidungen. Und so muss es nicht wundern, wenn das religiöse Bühnenensemble, von den kirchlichen Institutionen entsprechend sortiert, teils starke Vereinfachungen aufweist. Oder sich aber ketzerisch dem theo-ideologischen Schraubstock durch irrlichternde Spiegeleffekte und Veränderungslust entzieht.

Denn dem Wesen nach bleiben Gotteskräfte und schöpferisches „Hauchen der göttlichen Kraft" (Weish 7,25), was sie sind: Sich reduktionistischem Zugriff entziehendes Wehen und Winken aus einer Sphäre jenseits unserer käfersammelnden Schubladen und moralisierenden Zeigefingern. Und das, seit es Menschen gibt. Beweglich aufblühend allaugenblicklich in schöpferischen Spiegelkräften namens Phantasie, in Mythen,

Klängen, Tänzen, Poesie, Bildern, in jeglicher Kunst und Nicht-Kunst. Lauter Sprachen des spielenden, spiegelnden Jenseitswehen, Blinken und Winkens: Eine stete Herausforderung. Denn nirgends gilt ein felsenfestes Entweder-Oder, Ein-für-Allemal.

Auch nicht für das Bild der Maria.

Sitze ich also mit meinem Mythos-und Marienwink in der Falle? Oder bestätigt Maria gar mein Bild des Mythischen als ein höchst wundersames Spiel mit unablässig aus unauslotbaren Quellen herauf-oder herabspru-delnden Manifestationsmöglichkeiten? Deren Bilder und Zeichen wieder-um auffordern, durch sie hindurchzuschauen, auf etwas, das „nicht von dieser Welt" ist?

MARIA wird genennt ein Thron und Gotts Gezelt,
Ein Arche, Burg, Turm, Haus, ein Brunn, Baum, Garten, Spiegel.
Ein Meer, ein Stern, der Mond, die Morgenröth, ein Hügel:
Wie kann sie alles sein ? Sie ist ein ander Welt.

In einem solchen Sturm von Bildern, Winken und Zeichen bezüglich Maria hat sich ganz offensichtlich auch Johannes Scheffler alias *Angelus Silesius* (1624-1677) befunden, als er diese Verse seines „Cherubinischen Wandersmann" (4,42) schrieb. Und er hat durch ihn hindurch auf *„ein ander Welt"* geblickt.

Also kann der eingeschlagene Weg nicht so falsch sein. Machen wir darum die inneren Ohren und Augen auf, begeben uns in einen sensitiven Lauschmodus für das, was sich zeigen will ...

Abb.1: Fresko in St. Jakobus, Urschalling im Chiemgau, 12. Jh, allgemein als „Heilige Dreifaltigkeit"
gedeutet. Die mittlere Figur, die feminine Züge trägt, wäre damit der Heilige Geist oder die Heilige Sophia.
Die Anordnung der Figuren könnte jedoch, auch wenn die „Krone" nicht ausdrücklich ausgestaltet ist, auch
Assoziationen an eine Marienkrönung wecken.

3. Ein ander Welt

Just als ich des schlesischen Angelus erstaunliches Epigramm zu Papier gebracht hatte, erreichte mich der Brief einer Freundin, die mir – seit sie von meinem „Madonnen-Tick" weiß – anbetungswürdige Schätze aus ihrem erstaunlichen Postkarten-Fundus zukommen lässt. Darunter kostbare Reprographien aus einer Zeit, die meine Patentante noch als gedrücktes Schulkind ganz ohne Marias Beistand verbringen musste.

Meine Freundin hat Kunstgeschichte und Theaterwissenschaft studiert und steht, soviel ich weiß, allem frommen Betrieb mit freundlich-ironischer Distanz, aber durchaus einfühlsamem Respekt gegenüber. Eine gute Voraussetzung zum Studium religiöser Inszenierungen und Stile. Auf eine Ansichtskarte, welche die bemerkenswerte Hl. Dreieinigkeit aus der Urschallinger Kirche aus dem Chiemgau in Oberbayern (Abb. 1) in gestochen scharfer Schwarzweiß-Fotografie zeigt (so etwas gibt es heute gar nicht mehr) hat sie mit Bleistift gekritzelt:

Für mich ist Maria „die Überzeitliche", die andere Eva (sie gehören zusammen). Jede Zeit erfühlt/erahnt/fixiert sie anders, aber sie ist keine bloße Projektionsfigur.

Auch sie sieht also in Maria als Chiffre eines *Überzeitlichen,* das jede Zeit *erfühlt/erahnt/fixiert,* etwas winken, das frische Blicke ermöglicht. Etwas wesenhaft Anderweltliches sozusagen, das ein Tor in eine Dimension freigibt, in die mich auch meine Tante hineinwinken wollte: die Welt des Mythischen und Symbolischen. Vielleicht wäre zu der Trinitätsdarstellung aus der Urschallinger Kirche noch anzumerken, dass dank dem Befreiungstheologen Leonardo Boff als Gestalt in der Mitte auch Maria im Gespräch ist – als bildhafte „Inkarnation" der göttlichen Sophia. Was insofern gewiss nicht abseits liegt, als auch ostkirchliche Maria-Sophia-Traditionen Maria als *„Abbild und Ikone des Hl. Geistes"* sehen (Schipflinger, S. 288). Davon später mehr.

Hier bleibt erst einmal festzustellen, dass wohl keine Gestalt des christlich-religiösen Ensembles die Phantasie so ausschweifend beflügelt hat wie Maria. Und das, obwohl Evangelisten, Kirchenobere und Kirchenuntere eher darauf aus waren, sie weniger wichtig zu nehmen als Vater, Sohn und Hl. Geist.

Es hat nichts genützt. Ab dem 12. Jahrhundert wurde das „Ave Maria" genauso oft gebetet wie das Vaterunser, und es galt der Spruch: *De Maria numquam satis* – über Maria nie genug. Die Symbolbilder, die Angelus Silesius in seinem Vierzeiler nennt, sind nur ein kleiner Ausschnitt. Und nicht nur das Gläubigenvolk, auch Heerscharen von Poeten, Künstler lagen ihr zu Füßen. Ihr und der altehrwürdigen Gloriole von Ehrentiteln und Symbolen, die ihr die Kleriker 431 im Konzil von Ephesus (sicherlich seufzend und stirnrunzelnd) zubilligen mussten. Die längst aus den Tempeln und Hainen der Antike in die Kultfrömmigkeit der Bekehrten und in das Bedeutungsfeld der Maria eingeflossen war (Belting, S. 44 ff). Dass es vielleicht eher seufzend hingenommen wurde, lässt sich daran ablesen, wie verbissen sich bis heute die Glaubenswächter dagegen verwahren, nur auch die geringsten Vergleichbarkeit mit göttlichen Repräsentantinnen der alten Welt zuzugeben, die unzweifelhaft damals in Fülle das kulturelle und religiöse Feld bestimmten: Um des patriarchalen Himmels, des Vaters und des Sohnes willen: Nein!

Das Weib schweige in der Gemeinde und diene dem Herrn, auch wenn es (peinlicherweise) gebraucht wird, denselben zu gebären. Ehrbar nur als funktionale Durchgangsstation, Leihmutter sozusagen, in Gottes Namen: „Gottesgebärerin". Kann man mehr Zugeständnis erwarten?

Maria aber, Mirjam (deren Namen eine Wurzel der Widerständigkeit in sich trägt), lächelt ihr geheimnisvolles Mona-Lisa-Lächeln. Sie hat Erfahrung mit Vätern, Söhnen und Patriarchen. Sollen die Rechthaber den Vordergrund der Bühne bespielen: Dichter haben Marias Bedeutung immer erspürt, Reformation hin oder her, weshalb Reintraud Schimmelpfennig in ihrer „Geschichte der Marienverehrung im deutschen Protestantismus" 1952 resümierte: „*Trotz einseitiger Polemik ist auch in der protestantischen Literatur [schon!] des 16. Jahrhunderts* der Gedanke lebendig, dass Gott selber in der Gottesmutter geehrt wird." (S. 51)

„Gott" in seiner ganzen, unreduzierten Vielfalt, weibliche Kreativität inbegriffen! In subtilsten Formen erscheint uns in ihr das Selbstwerdung oder Individuation ermöglichende marianische Halten, auch wo man sie hinter die Kulissen schieben will: In der Erneuerungskraft der Phantasie und ihrer Räume, im Werden und Wachsen der Ein-Bildung eines Neuen, im Wachstum Begriffenen, im Geheimnis von Schönheit, Anmut,

Liebreiz, Duft, Charme und Freude. Haben ihre Verächter alle den Engel-
gruß, mit dem alles anfing vergessen? *Chaire!* Freue dich! Was auch immer
geschieht: Maria-Sophia bleibt die Königin der Seele und die Mutter der
schöpferischen Verwandlungskraft der Symbole und Bilder:

Ich sehe dich in tausend Bildern
Maria, lieblich ausgedrückt,
Doch keins von allen kann dich schildern
Wie meine Seele dich erblickt.

Ich weiß nur, dass der Welt Getümmel
Seitdem mir wie ein Traum verweht
und ein unnennbar süßer Himmel
Mir ewig im Gemüte steht.

Friedrich von Hardenberg, genannt Novalis (1772-1801), stammte aus
streng protestantischem Hause. Dennoch schrieb er einen ganzen Zyk-
lus Marienlieder, von dem dieses das bekannteste ist. Außerdem verfasste
dieser sanfte Jüngling im Jahr 1799 eine aufrührerische Anklage, in dem
er „*das Christentum und Europa*" in heftigsten Worten der „*Vertrocknung
des heiligen Sinnes*" bezichtigte und den protestantisch-kirchlichen Verlust der „*heiligen, wunderschönen Frau der Christenheit, die mit göttlichen
Kräften versehen Gläubigen aus den schrecklichsten Gefahren zu retten bereit
war*" beklagte. Ja, diesen Verlust verantwortlich machte für den ihm überall immer sichtbarer werdenden Verlust an geistiger Tiefe und Friedensfä-
higkeit.

Novalis ist früh gestorben. Seine Sehnsucht nach der „ander Welt" hielt
die *Vertrocknung des heiligen Sinns,* den er selber in „*tausend Bildern*" in seiner Seelentiefe erfahren hatte, nicht aus.

Er war damit nicht allein. Es fällt auf, dass sich seit dem 17. und 18.
Jahrhundert das Marienlob unter den protestantischen Dichtern im sel-
ben Maß mehrt, wie Marias Bedeutung in der „aufgeklärten" Theologie
abnimmt. Friedrich Gottlieb Klopstock etwa (1724-1803), der Meister
des religiösen Epos, preist sie in seinem „Messias" nicht nur als „*Mutter des
Göttlichen*", sondern auch „*Mutter des Unerschaffenen*" (Schimmelpfennig

S. 77/78) – und damit als Mutter der Schöpfung. Und von Gottfried Herder (1744-1803), immerhin selber auch Theologe, gibt es eine „*Marienpredigt*" in welcher er Maria preist als „*edle, hohe Gottvolle Seele*" welche „*die ganze Erde*" zu umfassen bestimmt sei (S. 79).

Wohin ist das alles heute verschwunden? Und droht inzwischen im Zuge der ökumenischen Bemühung selbst der katholischen Kirche abhanden zu kommen? Ist das Gespür dafür zu retten?

Ob in Novalis' Vision der „*tausend Bilder*", ob aus den symbolischen Bildern, die den schlesischen cherubinischen Wandersmann vor das Rätsel der „andern Welt" stellte, ob aus Klopstocks „*Mutter des Unerschaffenen*": Aus allem spricht das „Überzeitliche", das meine Freundin erahnt und erfühlt hat, und das symbolisch Nicht-Ausschöpfbare, nicht nur „*ein Thron und Gotts Gezelt, ein Arche, Burg, Turm, Haus, ein Brunn, Baum, Garten, Spiegel; ein Meer, ein Stern, der Mond, die Morgenröth, ein Hügel: Wie kann sie alles sein?*"

Hier sind wir in einer Welt, in welcher selbst der Titel der „Gottesgebärerin" etwas blass wirkt: Ein Sturm von Winken, uns nicht mit der Marginalisierung der Maria zufriedenzugeben. Auch Johannes Scheffler hat das nicht getan. Aus Frust über mangelnde mystische Sensibilität ist er katholisch geworden.

Nun konnte er aus vollem Herzen in den Gesang der „*Lauretanischen Litanei*" (seit 1531) miteinstimmen, in dem Maria in den bildgewordenen Winken aus der von ihm entdeckten „ander Welt" gepriesen wird, nicht nur als *mystische Rose, Tor des Himmels, Morgenstern, Mutter der göttlichen Gnade, Königin der Engel, Sitz der Weisheit*, sondern alle herzweitende Herrlichkeit umschließend als „*Causa nostrae laetitiae*, „Ursache unserer Freude" – „*Chairete!*", „Freut euch!", ist die marianische Botschaft, vertraut den Winken aus der andern, unbegrenzten Welt, die sich in Mariens Gestalt eingewoben, ein-gebildet haben!

Meine Patentante kannte sich sowohl mit Angelus Silesius als auch mit Novalis aus. Mit poetischem Sinn begabt, hatte sie an sich selbst die Segnungen der „Einbildungskraft" erfahren, die Novalis für das „größeste Gut" des Menschen hielt.

Wobei wir unter *Einbildungskraft* uns keinesfalls phantastischen Illusionismus vorzustellen haben. Vielmehr hatten schon der gar nicht phantasielose Immanuel Kant (1724-1804) und der diesbezüglich noch etwas begabtere, schon erwähnte Gottfried Herder, und nach und mit ihnen die ganze romantische Dichteraristokratie erkannt, dass es dabei um eine neue Horizonte („ein ander Welt") erschließende Fähigkeit geht. Sie besteht darin, in einer Synthese von Gefühl und Denken das Bedeutungsvolle einer kaleidoskopisch sich unablässig wandelnden Eindrucksvielfalt je neu zu ordnen, bedeutungsvoll zu komponieren und zu interpretieren. Aber Ahnungen, Winke Inspirationen („*Hauchen der göttlichen Kraft*", Weish 7,25) aus einer Sphäre jenseits des Anschaulichen brauchen Zeit zur Sammlung, Zentrierung, Ver-Dichtung, „Inkubation", um in Symbolbildern anschaubar und deutbar zu werden. In alten, weiseren Zeiten bezeichnete „*Inkubation*" zur Erfahrung einer heilsamen Ein-Bildung ein heilsames Ruhen innerhalb einer geschützten, heiligen Stätte, gr. *temenos* oder *naos* (Tempel, Gotteswohnung). Dort fand die Seele Zeit und Ort zum „*Austragen und Gebären*" der „Spiegelungen" des symbolischen Lebens, das Rainer Maria Rilke als das Entscheidende für den künstlerischen Ein-Bildungsprozess erkannte (Marien-Leben, S. 56).

Wer im Religiösen mehr als nur Verwaltung von Glaubenssätzen, frommen Requisiten und Vereinsmeierei sehen will, kommt ohne solche Ein-Bildungs-Bereitschaft nicht aus.

Die heilige Stätte ihres Wirkens aber ist die *Seele,* und die *Seele* des Christentums ist Maria, die alles, was ihr an geheimen Winken und Worten zuflog, „*bewahrte in ihrem Herzen*" (Lk 2,19; 2,33)

Das Christentum ist im Begriff, das zu vergessen. Und womöglich dabei nicht nur Maria, sondern vielleicht auch seine *Seele* zu verlieren, seinen „heiligen Sinn" für das symbolische Leben, das vom marianischen schöpferischen Aufnehmen der Geisteswinke lebt, im mystischen Ort der „Einwohnung" Gottes, in der Seele.

4. Seele: Raum der Inspiration und Imagination

Ist Maria nicht überhaupt das Leitsymbol aller Mystik? Fängt nicht mit ihr die großartig inspirierte Ein-Bildung des Christentums an? Mit ihr, Maria, die nicht nur nach Jakob Böhme Tochter der anfänglichen welt-bildenden Weisheit (hebr. *ruach* = Hauch) ist, ja „Sitz der Weisheit" (*sedes sapientiae*). Ihr Bewahren des „Worts" bewirkt den schöpferischen Neuanfang wahrer „Menschwerdung", indem sie ihm *Raum* gibt und seiner *Bedeutung* innewird. Sie ist es, welche die „goldene Pforte" (*Ianua Coeli)* zur transzendenten Ander-Welt der In-spiration öffnet!

In einem noch heute in der orthodoxen Kirche stehend gesungenen Hymnos von 527 (*Hymnos akathistos)* ist das wunderbar ausgedrückt:

Sei gegrüßt, Raum Gottes, den der Raum nicht zu fassen vermag,
Zugang zum unverfügbaren Geheimnis.
Sei gegrüßt, den Ungläubigen ein widersprüchliches Gerücht,
den Gläubigen ein unwidersprochenes Rühmen ...

Unfassbarer *Raum Gottes, Zugang zum unverfügbaren Geheimnis,* Mutter des neuanfänglichen, symbolischen Lebens und der Bilder: Nicht nur für die meisten heutigen „ökumenisch" orientierten Christen ist das zuviel. Es übersteigt buchstäblich ihren Horizont. Achselzucken, *widersprüchliches Gerücht.* Wo käme man da hin, wir suchen Eindeutigkeiten, halten uns an die Bibel Lukasevangelium, Maria hat ein unscheinbares Kind aus dem Volk zu sein. Aus Nazaret, dem Prekariats-und Kriminellennest, aus dem nichts Gutes kommen kann (Joh 1,46).

Vermutlich war sie das wirklich, rein historisch gesehen – im übrigen vom Symbolhorizont her ein interessanter Gedanke, wie wir noch sehen werden. Vielleicht könnte er sogar etwas beitragen zur Frage, warum Maria trotz „niedriger" Herkunft doch zum wirkmächtigsten abendländischen Symbol der Seele geworden ist!

Doch erst einmal riecht mancher Theolog schon bei dem Wort „Seele" Schwefel beziehungsweise „Psychologismus".

Kirchenväter und Mystiker aller Zeiten haben das anders gesehen, und auch ein Arzt und Psychologe namens Carl Gustav Jung (1875-1961), der sein Leben mit der Ehrenrettung der vergessenen Seele verbracht hat. Sein zu größerem Einfluss gekommener Kollege Sigmund Freud hatte ihr allerhand grobe Unappetitlichkeiten zugeschrieben, was besonders in Intellektuellenkreisen begrüßt wird und für „wissenschaftlich erwiesen" gehalten. Die Vorstellung, der Mensch sei „nichts als" ein entartetes Tier macht sie merkwürdigerweise sehr zufrieden.

C. G. Jung hingegen fand den „Nichts-als"-Umgang mit den Erscheinungen von Welt und Ander-Welt und den Winken der Seele ziemlich kurzsichtig, um nicht zu sagen beschränkt.

Meine Patentante besaß keine Bücher von Sigmund Freud, dafür, wie gesagt, einige von C. G. Jung. Ihre heftigen Unterstreichungen und Ausrufezeichen zeigen, dass sie genau verstanden hat, worum es ihm ging, obwohl sie viel weniger von ihm gelesen hat, als ich. Ihre Seelenführerin, Maria, sagte ihr einfach, dass sie auf dem richtigen Weg war. Auf Marias Hilfe ist also Verlass. Sie ist zuständig für unser Seelenleben und dessen ahnungsvollen Kontakt zur Ander-Welt. Und für dessen konkretes Hineinwirken in unsere konkrete Lebenswelt. Meister Eckhart etwa, der viel von der Seele hielt und einiges verstand von ihren bilderzeugenden Ahnungen und Winken, wird dieser Satz zugeschrieben: *„Wenn die Seele etwas Neues erfahren will, dann wirft sie ein Bild des Neuen vor sich nach außen und tritt in ihr eigenes Bild ein."*

C. G. Jung wiederum kannte sich aus mit Meister Eckhart, zudem mit nonkonformistischen Kirchenvätern, Ketzern und allerlei bemerkenswerten Schriften, die aus der Bibel herausgelassen worden waren. Und im Gegensatz zu seinem Kollegen Freud hielt er religiöse Ideen nicht für einen Ersatz für unterdrückte „niedere" Triebwünsche, sondern für ein fundamentales Bedürfnis nach Selbst-Transzendenz, das den Menschen zum Menschen macht.

Ziemlich nüchterne Erfahrungen hatten ihn darin bestärkt. Als Psychiater an einer berühmten Züricher Irrenanstalt hatte Jung nämlich Wahnkranke erlebt, deren Seelen Bilder produzierten, die ihm aus der damals florierenden ethnologischen Feldforschung bekannt vorkamen. Selbst nicht unerfahren in merkwürdigen Traumbildern, ging er der Sache nach. Er entdeckte dabei, dass viele dieser bizarren Vorstellungen Ähnlichkeiten mit Motiven aus den verschiedensten religiösen Traditionen aufwiesen.

Zunehmend kam er zu der Überzeugung, dass die Bilder und Mythen der Völker gut geordnete Inspirationen unserer äußerst phantasiebegabten Menschenseelen sein könnten. Variationsreich gestaltete Ahnungen, Intuitionen, Winke der Seele, empfangen aus einer Ander-Welt, die unsere gängige Zeit-und Raumvorstellung weit übersteigt. Das hieße allerdings auch: was wir für eine einzigartige christliche Bilderwelt halten, wäre dann eher anzusehen als kulturspezifisch geformter Gestaltungskomplex jener an sich universalen Winke aus einer größeren und umfassenderen Wirklichkeit. Die Christen dürften demnach ihre Bildwelt nur als *ein* mögliches religiöses Ahnungs-Modell unter anderen, *auch* gültigen sehen ...

Jung hat schließlich diese Winke, deren Bilder in verschiedenen Kulturen verschieden ausfallen können, aber immer gewisse allgemeine seelische Komponenten oder *Urbilder* meinen, „Archetypen" genannt. Er hat nie behauptet, diesen Begriff erfunden zu haben. Die Bezeichnung bestand schon in einer Sammlung von zwischen dem 1. und 4. Jahrhundert kursierenden Schriften, dem „*Corpus Hermeticum*" und bei *Dionysos Areopagita* (etwa dieselbe Zeit), die er intensiv studierte.

Und an seinen Patienten erlebte Jung nun, quasi „klinisch-empirisch", dass deren Seelenleben allerlei gar nicht so Absurdes spiegelte. Nur brachte die Splitterhaftigkeit und „ver-rückte" Vermischung mit persönlichen Traumata ihre Orientierung in der Welt durcheinander und so landeten sie im Irrenhaus. Doch dem ahnungsreichen Doktor Jung gelang es (oft zu seiner eigenen Überraschung) vielfach, Ordnung in dem Einbildungsragout zu schaffen, indem er zusammen mit dem Patienten den einer anstehenden Entwicklungsphase entsprechende *Ordnungs-und Bedeutungsraum* fand, den die Seele zuinnerst in sich trägt. Ist das geschehen, schiebt sich das Muster im seelischen Kaleidoskop sinnvoll zurecht und die neue Erfahrung kann sich verwirklichen: Der Mensch kann sich in seiner Individualität erkennen.

Was C. G. Jungs Patienten aber vor allem brauchten, war neben beweglicher Einfühlung in ihre Zeichenwelt die *Erlaubnis,* sie ernst zu nehmen und nicht als ein „Nichts-Als" abzutun. Dies gab den nötigen *Raum* für die kreative Neuordnung der Perspektive – und für mögliche Heilung, die man auch „Erlösung" nennen könnte ...

Und was hat das alles mit Maria zu tun?

Maria ist ein Symbol der Seele.

Die Seele wiederum ist unser Imaginations-und Ordnungs-Raum mit ganz eigener Weisheit, der den Individuation ermöglichenden Hintergrund aller Wachstums-und Reifeprozesse gibt, auch der religiösen. Wir brauchen die Erlaubnis, diesen Raum zu würdigen:

Sei gegrüßt, Raum Gottes, den der Raum nicht zu fassen vermag,
Zugang zum unverfügbaren Geheimnis ...

5. Wo will man aber die Weisheit finden? (Hiob 28,12)

Vor rund zweitausend Jahren befanden sich die Gesellschaften in dem Kulturraum, auf den wir die Entstehung des Christenvereins zurückbeziehen hinsichtlich religiöser Seelenbilder schon länger in einem ähnlich chaotischen Zustand wie Jungs Patienten. Wahnvorstellungen vom Typ der biblischen Apokalypse beherrschten in reicher Variationsbreite die Szene und belebten die auch politisch katastrophischen Zustände zusätzlich. Die Ordnungsräume der alten Götter hatten an Kraft verloren, ihre Winke und Zeichen führten zu oft in die Irre.

Wanderprediger, die sich als Gottessöhne bezeichneten, mit und ohne Gespielin, zogen durchs Land und ermunterten zu mal mehr, mal weniger ausschweifenden Ritualen. Ihren radikal-asketischen Gegenpol bildeten nach Engelreinheit trachtende Asketen, mal mehr mal weniger militant, die sich in Wüstenhöhlen zurückzogen und die Welt für einen Ort und Hort des Bösen erklärten. Alle zusammen beherrschte die Vorstellung einer Endzeit, die nur die Wahl ließ zwischen infernalischem Weltenbrand und Heiligwerden.

Offensichtlich versuchte höheren Orts Sophia, Gotteshauch und Seele der Welt, ein Bild eines dringend anstehenden neuen Bewusstseinsschritt nach unten zu blinken. Aber es hätte eben klarer Spiegel in den Seelen der Empfänger bedurft, um die Signale unverzerrt aufzunehmen, und da lag es im Argen. Denn an Signalen mangelte es nicht: Schon seit längerem kursierten Texte in denen sich die göttliche Weisheit persönlich zu Wort meldete. In poetischer Sprache, aber durchaus vernehmlich, rief sie unermüdlich an Wegkreuzungen und Toren der Stadt, in aller Öffentlichkeit – aber leider immer verkannt und ungehört (Spr 8).

Variantenreich und in wunderbar poetischer bilderreicher Sprache beschreibt sie in den vorchristlichen Weisheitsbüchern ihr schöpferisches, gestaltendes und wegleitendes Wirken in Ewigkeit und Geschichte. Uranfänglich ist sie, unvergänglich, alles durchdringend und ewig neu (Weish 7), ein Glanz des ewigen Lichts, kostbarer als alle Schätze der Erde (Hi 28), aller Kunst Meister, Hauchen der göttlichen Kraft, heimlicher Ratgeber in allen Werken (Weish 8) mit Freude am Menschen (Spr 8). In schöpferischem Tanz und Spiel wirkt sie Gestalt, sie mahnt, aufzumerken, zu hören, zu suchen, ja, sie wartet schon, denn sie ist ein Geist, der den

Menschen liebt, kommt jedem entgegen, der sie sucht, deckt ihren Tisch für alle, schickt ihr Gesinde aus um einzuladen (Spr 9), und wer sie findet gewinnt das Leben (Spr 8), wird getröstet und errettet aus aller Mühe (Weish 8 u. 10) usw.

Doch noch ist sie *„verhüllt vor den Augen der Lebendigen"*, will heißen, die Menschheit ist blind für sie, für die Einsicht in die ganzheitliche Urordnung, man durchwühlt die Erde nach Schätzen, kehrt das Unterste zuoberst (Hi 28), zerstört dabei die organischen Grundlagen, die weisheitliche Einheit im Hintergrund, trübt den „unbefleckten Spiegel" (Weish 7), der nötig wäre, um zu erkennen, dass der Mensch vergessen hat, woher er stammt. Dass er ja selbst *„von Gottes Art"* ist (Apg 17,29), ein göttlich begabter Mikrokosmos, mit allem, was ihn umgibt im Oberen und Unteren verbunden, und dass er nicht einen Graben zwischen Schöpfung, Gott und sich selbst aufreissen kann, und alles (und sich selbst) zum Objekt machen.

Unermüdlich also sendet die göttliche Weisheit dem Menschen Winke zu für ein neues Bewusstsein für das Geheimnis des unauftrennbaren Zusammenhangs und Zusammenspiels von Gott, Mensch und Welt, „Oben" und „Unten", Geist und Materie.

Es zeigt sich indessen, dass die Menschen besessen sind von der fixen Idee, Gott säße im Himmel auf oder über den Wolken und müsse endlich herniedersteigen, um die Menschen zu „erlösen".

Oder wenigstens einen Sohn herabsenden, einen Heros, wie es einst Jesaia prophezeit hatte (Jes 9,5), oder man träumt von einer Sternenjungfrau und ihrem göttlichen Kind, das die Welt retten wird, wie der Dichter Vergil (70-19 v. Chr.) in seiner 4. Eloge.

Kollektiv und quer durch alle Ethnien und Schichten wird von der Ermöglichung eines Neuanfangs und „Erlösung" geträumt.

Erlösung wovon?

Nun, sicher auch von ganz konkreten Erdenqualen aller Art, aber vor allem von durcheinandergekommenen Vorstellungen. Solchen hatte schon 600 Jahre früher ein indischer Prinz namens Siddharta entkommen wollen. Er hatte das zuletzt durch konsequentes Stillsitzen und Weltentsagung erreicht.

Zu den Strapazen, die der indische Prinz auf sich nahm, wäre meine Patentante körperlich nicht in der Lage gewesen. Also musste sie mit Teilerlösungen vorlieb nehmen und verbrachte hin und wieder einige Tage im Kloster. Für die Alltagsleiden verließ sie sich weiterhin auf Maria.

Die von der Idee eines herabsteigenden Gottes oder zumindest Gottessohnes Geplagten aber kannten Maria ja noch gar nicht. Sofern sie nicht Juden waren, hätten sie sich zwar durchaus an attraktive All-Göttinnen wie Isis, Kybele, Aschera, Aphrodite, Venus halten können (und taten das auch noch lange). Diese repräsentierten auch noch sehr verlässlich die mitleidende, allesdurchwaltende Welt-Seele, das weisheitliche Werden und Weben der Natur, Bewahrungs-und Beharrungsvermögen. Aber sie hatten auch gewisse unangenehme Schattenseiten. Und ihre Priester in den heiligen Hallen und Hainen lagen mehrheitlich mit denen der anderen Götter im Zwist und vermehrten das ganze Durcheinander noch.

Die Frage aus dem Hiobdrama (ca 400 v. Chr.) wurde dringlicher: *„Wo will man aber die Weisheit finden?"* (28, 12)

Vor allem aber: Hat man überhaupt noch ein „Organ" dafür?

Alles ist aus den Fugen, die Spiegel des Kaleidoskops verrückt, das verbindende Muster unkenntlich geworden.

Und endlich hat die ewige Weisheit ein Einsehen. Wenn die Menschheit inzwischen nur noch sehen kann, was vor Augen ist, (Sam 16,7) und ihre Seele unentwegt das Bild eines männlich-menschlichen Heilbringer produziert, ist eben ein Gottessohn zu schicken, der ihnen sagt, dass es Zeit ist, sich selber als Gotteskinder zu erkennen: Die Gottesoffenbarung kleidet sich ein in einen neuen Mythos, *„die Offenbarung eines göttlichen Lebens im Menschen"*, was auch nach Jung zu erkennen den Sinn der menschlichen Individuation ausmacht. (Erinnerungen, S. 343)

Ein im wahrsten Sinn weltbewegendes Drama beginnt. Und es rückt zunächst ins Bewusstsein mit dem Bild einer beglückend „romantischen" Geburtszene: Mutter und Kind unter einem funkelnden Stern, mit leuchtenden Engelscharen über den Feldern und mit der neugeborenen Weisheit huldigenden Königen.

Meine Mutter liebte diese wunderbare Geschichte, und sie war eine begnadete Erzählerin und Weihnachtsregisseurin. Von einer befreundeten Künstlerin erwarb sie Jahr für Jahr eine oder zwei teure Krippenfiguren mit Hirten, Schafen, Ochs, Esel, Königen – selbst unser Hund, ein schwarzer Spaniel, wurde verewigt.

Ich habe diese Krippe geerbt und stelle sie jedes Jahr mit großem Vergnügen vor dem Kamin auf. Einige Schwierigkeit habe ich mit der Marienfigur, welche die adlige herb-ostpreussisch-protestantische Schnitzerin mit gefalteten Händen kniend und dem Blick einer Dienstmagd geschnitzt hat. Ich platziere sie darum unter die anbetenden Hirten, und setze ins Zentrum lieber eine sitzende Maria, das Kind in ihrem Schoß warm umhüllend. Ich habe sie mit vielleicht 15 für meine Mutter gemacht, bevor sie die „Künstlerkrippe" hatte, und finde sie immer noch schön.

Auch das übrige Jahr muss ich nicht ohne Madonnenschutz verbringen. Kurioserweise ist auch von einer Schwester meines Vaters eine schlichtfromme stehende Marienfigur mit Kind auf mich gekommen. Kein Mensch weiß, woher sie stammt, denn die Tante war nur mäßig fromm und auch nicht zum Katholizismus übergetreten. Vielmehr hatte sie einen Physikprofessor geheiratet, der sich nach seiner Pensionierung Gedanken über Christi Himmelfahrt machte, da ein Mensch ja eine Masse habe.

So hat das Bild der Maria mit dem göttlichen Kind, das eine neue Möglichkeit des menschlichen Bewusstseins entwarf, in meinem Haus stete Präsenz und wird täglich mit einer Kerze gefeiert.

Doch eigentlich hatte die Sache mit der Inkarnation des neuen Bewusstseins ja schon neun Monate *vor* Weihnachten angefangen.

6. Der Anfang

Ich bin immer noch nicht katholisch geworden, aber man müsste inzwischen bemerkt haben: Maria ist mir teuer. Und je mehr ich über sie nachsinne, desto größer wird ihr Rätsel.

Nach wie vor folge ich der Regie von Zu-Fällen, Ein-Fällen, die ich als „Inspirationen" betrachte, Winke aus der „ander Welt". Oder Winke, Hinweise, Rufe der unerkannten Weisheit?

Was deutlicher wird: Es braucht eine bestimmte *Haltung* zu allem, was uns – erwartet oder unerwartet – zu-fällt, begegnet, überrascht. Eine *Raum*-gebende Haltung der *Sinnbereitschaft,* Offenheit das Begegnende irgendwie *richtungweisend* zu sehen, als „Weisung" ...

Äußerst überrascht war ich etwa gestern beim Durchsehen meines immer noch ganz und gar ungeordneten Postkartenfundus mit Marien-Darstellungen. Darin begegnete mir eine Karte, die meine Patentante 1974 von ihrem Pfarrer und geistlichen Führer (den man in Ordenskreisen früher ihren „Spiritual" genannt hätte) aus Schönstatt (Vallendar, Nähe Koblenz) bekommen hatte. Er sandte Gruß und Segen vom „Gnadenort" und das Versprechen, ihre „Anliegen" (welche wohl?) dort in sein Gebet hineinzunehmen.

Ich fiel aus allen (oder *in* alle?) Wolken, denn erst vor zwei Tagen war „Schönstatt" in meinen Horizont gekommen: Zentrum einer 1914 gegründeten marianisch-charismatischen Bewegung, durch einen Pater namens Kentenich (1885-1975), der darob 14 Jahre als häresieverdächtig im Exil in Amerika zubringen musste. 1965 rehabilitiert. Schon vier Jahre danach in Stuttgart eine Kapelle als bis dahin einmaliges „Großstadtheiligtum" geweiht (Stadtteil Freiberg). Ein „verrücktes" Bild (Abb. 2): Das Kapellchen, wie aus einer „ander Welt" gefallen, auf einem winzigen gepflasterten Platz gelandet, gerade so zum Drumherumlaufen-Können, ein bisschen Grün, mitten drin in einem sozial nicht gerade elitären Neubauviertel der späten 60er Jahre, zwischen Hochhausklötzen, zu denen auch ein Tagungszentrum, eine Filiale der Schönstattpatres und ein Studentinnenwohnheim gehören.

Bis jetzt war mir „Schönstatt" ein Fremdwort gewesen. Skeptisch spähte ich durch einen Türspalt in die nach vertrautem dörflichem Muster

Abb. 2: Schönstatt-Kapelle. Die marianische Bewegung wurde 1914 von Pater Kentenich gegründet. Ihr Zentrum ist Vallendar bei Koblenz. Stuttgart war das erste „Großstadt-Heiligtum" das mitten in einem dicht bebauten Hochhausgebiet überraschte.

gebaute Wallfahrtskapelle und nahm überrascht und stark berührt eine dichte, warme und harmonisierende Atmosphäre wahr, die sogar das kitschige Maria-und-Wonnekind-Bild (Halbfigur, Mariens Unterleib im Wolkenwabern verschwindend) erträglich machten. Eine Rentnerin saß in der letzten Bank, ruhig und wie immerwährend vorhanden in dieser wundersamen Stilleoase – es sah aus, als sei sie täglich hier.

Es war nicht zu leugnen: Die Anmutung und Andacht einer überzeitlichen Ahnung namens Maria vermag selbst in der Unwirtlichkeit unserer Städte (Alexander Mischerlich) und mitten in der kreuzprotestantischen Diaspora ganz erstaunliche Energien zu konzentrieren! Diese Entdeckung versetzte mich einen ganzen Tag lang in einen sonderbaren Ausnahmezustand.

Da hatte also einer in einer waffenklirrenden, männlich-heroisch „Hurra" schreienden Zeit einen marianischen Neu-Anfang setzen wollen. *Raum und Wohnstatt des Geistes (vas spirituale), Mutter der Barmherzigkeit, Sitz der Weisheit, Ursache unserer Freude, Morgenstern, Pforte des Himmels, Trost der Betrübten, Königin des Friedens* (Lauretanische Litanei).

Die erbaulichen Broschüren im Tagunghaus, dämpften allerdings meine euphorischen Herzensregungen wieder etwas.

Ob meine Patentante näheren Kontakt zu den Schönstattlern gepflegt hat, weiß ich nicht. Zum Wallfahren oder für Exerzitien zog sie jedenfalls andere Gnadenorte mit älterer Tradition vor.

So etwa Maria Laach.

Von dort brachte sie auch eine sehr eigenartige Kölner Buchmalerei (um 1000) mit: Mariae Verkündigung.

Ich ahne einen Wink: „Verkündigung" – fing denn nicht *damit* das ganze Christenwesen schon an?

„Im Anfang war ..." (... das *Wort* – Neues wirkend in die Welt gesprochen?)

Wie alle West-Christen hatte auch meine Mutter diesen Anfang gern mit der Weihnachtsgeschichte festlich begangen.

Im Lexikon der christlichen Ikonographie (LCI), Bd 4, S. 422 ff) hingegen ist zu lesen, dass die Grundlage der Darstellungen Lukas 1, 26-38 ist, also die Begegnung mit dem Engel, und weiter, dass der Augenblick der Zustimmung der Maria (ihr *„fiat"*, „es möge werden, gr. *„genoito"*, es möge werden, entstehen, gezeugt werden", 1,38) als *Augenblick der Inkarnation* gilt und die Szene bald als der Geburt Jesu ebenbürtig gesehen worden war. Und die Ostkirche sieht das noch immer so ...

So ist das also. Eine Kaskade von Blinkzeichen regnet auf mich herab: Ja, im Anfang war – das Wort. In diesem Fall allerdings nicht das imperatorische Donner-und-Blitz-Wort *„Fiat!"* = *„Es werde!"* (mit Sofortwirkung) aus Genesis 1,3, wo sich noch nichts mit einem „Gegen-Wort" weigern konnte, zu werden. Sondern dieser Anfang begann dialogisch, gegründet auf die wohl eher erstaunte Ant-Wort der Maria, die lebenserfahren genug war, um zu wissen, dass ihr *„fiat"* eine mühsame Sache werden würde (wie alle Werdeprozesse, die einer kreativen „Eingebung" nachfolgen, wenn sie „inkarniert", konkret verwirklicht werden sollen).

Was also wäre gewesen, wenn Maria unbeeindruckt von dem imposanten Engelzeichen einfach gesagt hätte: „Dumm Tüch (dummes Zeug)", wie eine Freundin von mir das ganze Christenwesen abfertigt?

Nicht auszudenken, weshalb der irdischen Maria, welche (nicht nur in diesem Fall) den Menschen als Einzelperson sowie Menschheit und Schöpfung mitvertritt, im fortgesetzten und fortschreitenden Inkarnationsprozesses des Geistes eine entscheidende *Schlüsselrolle* zufällt. Meine Rätselfrage: Welchen Gewinn haben diejenigen davon, die das herunterspielen?

Maria spielt eine integrative und buchstäblich „tragende Rolle" im Abenteuer der wirklichen Menschwerdung, die in der Erkenntnis und Verantwortung der Beziehung von Gott, Welt und Mensch liegt. Und meinetwegen: in der „Heilsgeschichte". Daran, dass Maria, wie der Disput mit dem als Engel erscheinenden Geistwink zeigt, von durchaus eigener geistesgegenwärtiger Intelligenz beseelt ist und darum womöglich kein passendes Vor-Bild für sklavisch glaubende Kirchenschafe, haben sich schon viele „feministische" Theologinnen, abgearbeitet. Das Thema im Hintergrund zu halten, kann aber nicht schaden.

Aber zurück zum Bild aus dem Nachlass meiner Patentante, denn es hat es in sich. Ich kenne inzwischen Dutzende von Verkündigungsbildern. Man kann dabei spannende Streifzüge unternehmen durch die Ein-Bildungs-Kultur verschiedener Epochen. Auch was Marias Ausstattung als Lesende, also „Gebildete" angeht, die ihrer Zeit weit voraus war, vielleicht in sie hineingefallen aus „einer ander Welt", wie die Marienkapelle im hiesigen Großstadt-Quartier ...

Wichtig bleibt: Schon die frühen Christen scheinen den Reiz dieses Anfangs ihrer Heilserzählung erkannt zu haben und also bildwürdig (etwa in der Priscilla-Katakombe zu Rom).

Ab der Zeit Karls des Großen nahm dann die allegorische Illustrationsfreude stetig zu, bis man schließlich, etwa im 16. Jahrhundert vor lauter Dekor die Hauptpersonen fast suchen muss. Geisttaube, Boten-oder Lilienstab, Krug mit Lilien, Gottvater im Himmel mit und ohne Engelscharen heilige Strahlen aussendend etc. werden zunehmend obligatorisch.

Nichts von dem allem bei meiner Illumination aus einem Kölner Sakramentarium, datiert um die erste Jahrtausendwende.

Dafür ein Bildelement, das, so weit ich sehe, einzigartig ist, aber ich muss an dieser Stelle vorbeugend warnen: Mein Blick ist nicht „objektiv". Er ist ein absolut subjektiv faszinierter. Kunsthistorische Einordnungen interessieren mich so gut wie gar nicht, sondern einzig diese hier gestaltete, ganz besondere Art, die buchstäbliche „Ein-bildung" des Anfangsworts einer großen Erzählung mit über 2000 Jahre währender Wirkmacht.

Abb. 3: Verkündigung, Sakramentar aus Köln, um 1000, Paris, Bibliothèque Nationale: Der „Initiationsraum",
in dem die „Menschwerdung" des Göttlichen ihren entscheidenden Anfang im Bewusstsein des Menschen
(repräsentiert durch Maria) nimmt, ist dominiert von einem merkwürdig wolkigen „anderweltlichen"
Gebilde, das dem Inneren einer riesigen Muschel gleicht. Das Wolkige lässt auch an die „Überschattung"
durch das Göttliche denken, die schon in der Wolke über der Stiftshütte alttestamentarisch vorgeprägt ist
(2. Mos 40,34). Das Grün zeigt den so entstandenen besonderen Raum sowohl als Raum des Geistes als
auch der Hoffnung. Engel und Maria agieren mit der Präsenz von Schauspielern in einem Mysteriendrama.
Maria, als selbst-bewusste „Mitspielerin" groß in Szene gesetzt und in den Vordergrund gerückt, nimmt
das ihr Bedeutete sehr aktiv, mit überwachem Blick und ohne jegliche Befangenheit auf: Sie scheint sich
der Tragweite des Geschehenden und ihrer Rolle dabei als Stellvertreterin der Menschheit voll bewusst.

TEIL II

7. Vorhang auf!

Welch irritierender Ort, welch sonderbare Kulisse! (Abb. 3)

Gewiss, die Türme und Dächer im Hintergrund sind nicht ungewöhnlich – byzantinische Darstellungen behalten dieses Kirchen-und Klosterhafte auf Ikonen bis in heutige Zeit und sind mehr als dekorative Kulisse: Es geht ja bei der ganzen Sache um das Motiv der „Einwohnung", um die Frage, wo das gestaltlose schöpferische Prinzip namens „Gott" Raum und Heimstatt für seine Aufnahme und sein Wirken finden würde. Und Tempel, Klöster, „Gotteshäuser" wurden erbaut, um der göttlichen Weisheit Raum und Heimkehrstätte zu schaffen. Das griechische verb *neomai*, das zum *vaos*, dem Tempel und Heiligtum Gottes gehört, bedeutet „*glücklich ankommen, heimkehren*" (Pokorny).

So viel also zu dieser Bildtradition.

Aber was ist das Grüne, Wolken-oder Muschelartige, das den Mittelgrund bestimmt und vor dem sich die entscheidende Begegnung abspielt?

Grün – das ist die Wandlungskraft des Geistes, schon im orphischen Mythos, das Geistlicht. In der jüdischen Kabbala, im Islam symbolisiert es göttliche Barmherzigkeit, und nicht lange nach der Entstehung dieser Buchmalerei sollte Hildegard von Bingen (um 1100-1179) der „Grünkraft", der heiligen *viriditas* allergrößte Bedeutung geben für alle Schöpfung, natürliche und geistige, allem sich Offenbarenden innewohnend: Das „*edelste Grün*", die göttliche Weisheit, die ewige Sophia, die Weltseele, die alles durchwaltet: Das kosmische *Wesen allen Anfangs*.

Aber das, was hier in sich wogend aufgespannt ist, scheint es nicht eher wie eine Umhüllung, ja, in der naturhaften Form Wolken-oder Höhlenhaftes andeutend? Ist es ein schützender Raum, der das Geschehen im Vordergrund abhebt von aller bekannten Realität? Der sozusagen einen kulturunabhängigen, auratischen heiligen Bezirk elementarer Art abgrenzt und heraushebt und den Beschauer fokussiert auf das Unerhörte, das hier möglich werden soll? Symbolisches Bild werden, neuer Mythos, sich der Seele ein-bilden, sie „überschatten" und in ihr Wohnung nehmen, wie zu Zeiten Moses der Wolkengott in der Stiftshütte? (2. Mos 40, 30)?

Grün: Das ist auch, von Alters her, die Farbe der *Hoffnung*.

Vielleicht also öffnet sich vor unseren Augen ein *Raum für ein Mysterienspiel der Hoffnung*? Mysterien seien das *Anti-Triviale* schlechthin (Prinzip Hoffnung, S. 1518) sagt uns Ernst Bloch (1880-1954) also das, was über das Triviale hinausführt und Hoffnung weckt auf „ein ander Welt", eine *neue Sinndimension*.

Ob meine Patentante angesichts dieser Karte solches empfunden hat, kann ich nicht mehr in Erfahrung bringen. Ihre Besonderheit hat vielleicht etwas in ihr berührt, und sie hat sie dann zu ihrer Sammlung gelegt und sich lieber in anmutigere, detailreichere vielleicht italienische Verkündigungen versenkt, wo Maria, Engel und Umgebung mehr Pracht und Liebreiz ausstrahlen.

Um ehrlich zu sein: Mir wäre es selber fast so ergangen – wäre da nicht eben dieser umwölbende, außerordentliche grüne Raum und eine Intensität, die das allbekannte Verkündigungs-Spiel über prächtigere Inszenierungen hinaushebt, zu einem heiligen Spiel macht, das sich jenseits trivialer Zeiträume und des vertrauten Ausstattungstheaters abspielt. Was gerade *nicht* heißt, dass es ohne Bezug zu unserer realen Existenz wäre, sondern eher etwas, das uns einiges an persönlicher Beteiligung abverlangt.

Zunächst einmal das Kunststück, mehrere Sinnschichten gleichzeitig nebeneinander in der Schwebe zu halten und wach dafür zu sein, auf welche Weise sie einander durchdringen.

Auch heutige Theatermacher (oder auch andere Künstler) arbeiten mit verschiedenen Meta-Ebenen. Oft leider mit trivialen, plakativen Mitteln, weil sie fürchten, dass die Zuschauer zu dumm sind, das Zeitlose auf Aktuelles zu übertragen. (Die Nachhilfe mit jenen Effekten nennt man dann Regietheater).

Aber um das Jahr 1000 konnte man vielleicht noch voraussetzen, dass der Beschauer mit bestimmten kulturellen Voraussetzungen bekannt war. In unserem Fall geht es um Vertrautheit mit den wichtigsten biblischen Geschichten, genauer um die Bibelstelle im Lukasevangelium (1,24-38), in der die initiale Begegnung zwischen Maria und dem Engel beschreibt.

„Initial" ist ein gutes Stichwort.

Eine Initiale ist ein besonders schön gestalteter Anfangsbuchstabe einer Mitteilung. Lateinisch *initium* ist ein Anfang. Er entsteht dadurch, dass man in etwas hineingeht (lat. *inire),* sich einlässt auf etwas, was ein Geheimnis birgt. Auf eine Initiation in eine geheimnisvolle Situation, auf einen Neuanfang.

Alle Kulturen kennen solche Initiationen, die hineinführen in eine neue Lebensphase, und zur Zeit der Geburt Jesu gab es massenhaft Mysterienbünde, die rituelle Initiationen zelebrierten. Wer sie durchstand, galt anschließend als ein neuer, individuierter Mensch, der sich als Teil des unaussprechlichen, transpersonalen Mysteriums erfahren hatte. Er sollte darüber nicht schwatzen: Ein kluger Rat, denn keine persönliche mystische Erfahrung gleicht der anderen, darum besser darüber stillschweigen.

Initiationen fanden meist in besonderen Räumen statt und bedurften gewisser Inszenierungen. So scheint auch dem Kölner Buchmaler die Inszenierung eines solchen besonderen Raumes wichtig, denn das Geschehens *ist* eine Initiation.

Seine Regie bezüglich der Bühnenrequisiten aber eher minimalistisch. Lediglich auf der rechten Seite, eng an die blaue Säule gerückt, eine thronsesselartige Sitzgelegenheit, von der sich Maria wohl gerade erhoben hat. Schon das hat es allerdings in sich, denn wenn in einen derart kargen Bühnenraum nur ein einziges Requisit gestellt ist, können wir von seiner bedeutungsvollen Aufladung ausgehen. Schauen wir also genau:

Wir sehen den Sitz oder Thron ohne räumliche Tiefe von der Seite, das Rückenkissen an eine blaue Säule gelehnt – blau signalisiert Ruhe und Kontemplation: Auch das Kissen ist blau. Ein helles Tuch hängt herab und verdeckt so teilweise die etwas merkwürdige „Architektur" des Sitzes, der an eine Nachbildung der Kirchen-oder Tempelarchitektur im Hintergrund erinnert.

Das wiederum ist ein mächtiges Zeichen, ein Wink, der uns ohne Umstände in ein äußerst komplexes Beziehungsgefüge hineinkatapultiert: Als Tempelnachahmung im Kleinen (mit Säulenarchitektur auf einem breiten Sockel oder Fundament) wird nicht nur auf den Tempelbau des weisen Salomon verwiesen, der seinerseits an das himmlische Jerusalem, in welcher die göttliche Sophia oder Geliebte Gottes, ihr Domizil hat, erinnert. Die Himmlische Stadt ist selber, wie der Thron Salomons, „Sitz der göttlichen Weisheit" und Imago der „Tochter Zion", deren Erbin Maria ist. Weithin pflegen die „Sitzmadonnen", die in ihrem majestätischen Thronen ebenfalls als *sedes sapientiae*, Sitz der Weisheit bekannt sind, auf solchen Säulenarchitekturen zu sitzen, auf dem Schoß das Christuskind, das im „Tempel Maria", „*Raum Gottes*" zur Inkarnation herangereift ist.

Insofern zeigt sich, dass dieses scheinbar unbedeutende einzige Bühnenrequisit keineswegs bedeutungslos ist, sondern schon einen Hinweis gibt darauf, dass uns ein symbolisch äußerst komplexes, überzeitliches, allaugenblicklich und „von Ewigkeit zu Ewigkeit" sich ereignendes und wiederholendes Mysterienspiel erwartet. Ein Mysterium, das mit einem Sich-Niederlassen der göttlichen Weisheit im dreidimensionalen Raum zu tun hat.

Hauptperson ist die sehr große, blaugekleidete, weibliche Figur rechts im Vordergrund: Maria.

Sie macht einen überraschten Eindruck, reagiert aber mit überwachem Blick und expressiver Gestik auf das, was da von der gegenüberliegenden Seite her in den geschützten Raum einbricht. Von dorther nähert sich im Sturmschritt und mit wehendem Mantel eine Gestalt, die wir als Erzengel Gabriel kennen, und die offensichtlich eine wichtige Botschaft zu überbringen hat. Sie ist kleiner als Maria und der Illuminator lässt sie darum über einen erhöhten rotwolkigen Untergrund heraneilen, damit die Köpfe der beiden Protagonisten etwa auf gleiche Höhe kommen. Denn das Wesentliche spielt sich im intensiven Blickaustausch der beiden ab, unterstützt durch die Gebärden der Hände.

Täusche ich mich, oder haben die handelnden Personen etwas an sich von gut geübten Schauspielern? Maria jedenfalls ist kein unreifes junges Mädchen, ihre Haltung, ihr Gesichtsausdruck ist der einer wissenden, erfahrenen Frau, die das Spiel kennt und sich mit großer Souveränität darauf einlässt. Und auch der herbeistürmende Engel hat nichts von einem bezaubernden, jugendfrischen Jüngling mit androgynen Zügen, wie ihn italienische Künstler später gern malen werden. Auch er kennt seine Rolle, die Bedeutsamkeit der Szene. Angesichts seines theaterhaft angeheftet wirkenden Flügelchens, das in keinem Verhältnis steht zu seiner Körpergröße, könnte man gar versucht sein zu denken, es handle sich bei der Szene tatsächlich um ein gut geübtes Mysterienspiel nach uraltem, heiligen Ritus: Der Priester, in diesem Fall im Kostüm der Engels, die Priesterin in dem der Maria. Zeitalterlang schon kennen sie ihre Rollen. Es geht um die rituelle Erneuerung eines rätselvollen Mysteriums in einer Zeremonie, die in alten, heidnischen Zeiten als Heilige Hochzeit zelebriert wurde, je nach den religiösen Schwerpunkten die Hochzeit von Himmel und Erde, Geist und Materie, männlicher mit weiblicher Urenergie im geheiligten Raum des Tempelbezirkes zur Erneuerung, ja Neuschöpfung von Welt und Leben.

Ob meine Tante mit meinen Phantasien einverstanden gewesen wäre, ist offen. Grundsätzlich habe ich das Gefühl, dass sie wohlwollend auf meine kaleidoskopischen Versuche herniederblickt (von wo auch immer). Und da sie sich der Rettung des Mythos verschrieben hatte, war ihr bekannt, dass die anderweltlichen Kräfte von jeher eine starke Neigung zu Maskenspielen hatten. Ein religionsübergreifendes Phänomen, das spätestens seit dem 19. Jahrhundert gründlich erforscht wurde.

Man entdeckte damals, dass zwar die Spielensembles der alten Religionen wesentlich bunter waren als das christliche, dass es aber immer ungefähr um dieselben menschlichen Grundanliegen ging. Nämlich darum, wie man die anderweltlichen bzw. göttlichen Kräfte, welche sich gern vornehm unsichtbar machen, mittels Bild und Sprache ins Sichtbare übersetzt und ihr Geistwirken emotional packend inszeniert, um eine *„Vertrocknung des heiligen Sinns"* (Novalis, 3. Kapitel) zu verhindern. Denn, wie schon die alten Mysterienvirtuosen wussten, bedarf es der emotionalen Ergriffenheit, um in seelische Tiefen hineinzuwirken und Zugang zu einem wenigstens ahnenden Verständnis zu ermöglichen.

Das Gefühl ist gewissermaßen das Zentralorgan der seelischen Erfahrung und Wandlung. Und wann immer die Zeiten unübersichtlich waren (und das sind sie bis heute geblieben), erhob sich die Frage, ob in diese mühsame materielle Existenz ein höherer Sinn hineinspiele, und mit ihr, wie wir aus dem bohrenden Unbehagen, einen solchen womöglich nicht zu finden, durch irgend ein geistiges Aufleuchten (etwa in Form der Geburt eines göttlichen Lichtbringers) oder durch Wandlung unseres Bewusstseins „erlöst" werden könnten und einen neuen Wahrnehmungshorizont gewinnen.

So etwa müssen wir uns auch die kollektive Seelenlage um die Zeit des Kaisers Augustus vorstellen. Dominiert vom Gefühl eine Schwelle überschreiten zu müssen, um in ein von den Seelen längst nach außen geworfenes Bild endlich einzutreten (vgl. Meister Eckhart, Kap. 4) rief eine mächtige Stimme nach Initiation in eine Bewusstseinsqualität, die neu in der Welt war.

Und den Schlüsselakt dieser Neu-Inszenierung haben wir nun in der Kölner Buchmalerei eines unbekannten Künstlers vor Augen.

Die handelnden Personen (lat. *persona* bedeutet, „durch etwas hindurchtönen"):

Einmal Maria, eine real menschliche, geschichtlich annähernd bekannte junge Frau aus nicht klärbaren, vielleicht zweifelhaften kleinen Verhältnissen, zudem aus Galiläa, einem Landstrich ohne guten Ruf, in dem schon seit längerer Zeit politischer und religiöser Wirrwarr herrschte.

Außerdem: Ein vorwiegend in überzeitlicher Sphäre („ander Welt") beheimatetes Numinosum namens Gabriel (= Kraft/Mann Gottes), in der äußeren Ausstattung oder Maske eines Engels.

8. Das Spiel beginnt

Maria, bereits in bedeutsamer Erhöhung imaginiert (größer als der Engel!), hat sich bereits erhoben von ihrem symbolträchtigen Thron, ihr wacher, intelligenter Blick zeugt von äußerst gespannter Aufmerksamkeit, vielleicht durchaus mit einer leisen Beimischung von der Erschrockenheit, von welcher der Evangelist Lukas berichtet (1,29). Was allerdings auch kein Wunder wäre angesichts der Erfahrung einer anstürmenden Gotteskraft, selbst wenn diese bevorstehende Freuden ankündigt und entsprechend grüßt: *„Freue Dich, Du mit Freude [oder Gnade] Begabte"* (gr. *chaire, kecharitomene*!). Ein wahrlich außerordentlicher Gruß!

Nun folgt im Text eine längere Rede des Engels, nur durch einen kurzen Einwand der Maria unterbrochen, zur Steigerung der rhetorischen Spannung. Diese initiatorische Rede oder Botschaft (gestisch verstärkt) enthält in komprimiertester Form das zentrale Geheimnis aller schöpferischen Offenbarung göttlich-geistigen Wesens in Erde, Mensch, Materie, Natur samt dem Auftrag an den Menschen, diesen schöpferischen Geist (der ja hier als metaphorische Kulisse die ganze Szene überwölbt) zu empfangen, als neues, rettendes Bewusstsein zu erkennen und *auszutragen.* Zu erwachen zu einer verantwortungsvollen Aufgabe innerhalb des kosmischen Kaleidoskops. Erkennen, *dass nicht nur der Mensch, sondern alles Materielle geistiger Herkunft ist,* Manifestation der fundamentalen Einheit, die schon immer war. Dass alles Seiende und Geschehende „Ein-Bildung", Verdichtung, Sprache und Ausformung der einen, transzendenten wie immanenten Seinskraft ist, „Hinein-bildung" der geistigen Möglichkeiten in das reale Leben. So sollte sich auch „Kirche" verstehen: Raum sein für die Erfahrung des Verankertseins im Wunder der Einheitswirklichkeit, über alle dualistischen Vorstellungen hinaus. Alles Sichtbare ist zugleich Symbol, alles ist göttliche Sprache und Gleichnis, jeder Moment enthält die Potenz zu einem frischen, „jungfräulichen" Neubeginn, und dem Menschen ist das Bewusstsein für dieses Wunder geschenkt. *„Chaire, freue dich!".*

Das ist die initiale Botschaft der Szene: *Die „Kraft Gottes" (Gabriel) im Engelskostüm weckt in Maria das neue Bewusstsein des ewig neuen Anfangs,* das Bewusstsein der ganzen Fülle des Lebens, welche das, was wir „Realität" nennen (in die wir dennoch als je Einzigartige eingegrenzt sind) übersteigt und umfasst. *In Maria gewinnt das neue existenzielle Bewusstsein Gestalt,* dass wir – wie ihr Sohn später sagen wird – *in* dieser Welt sind, aber nicht *von* dieser Welt (Joh. 8,23) – und diesem Bewusstsein auf persönlich einmalige Art Form geben sollen.

Maria versucht es zu fassen. Vor allem versucht sie zu fassen, dass SIE SELBST die Fassung, die Trägerin dieses Geheimnisses sein soll, Trägerin des neuen Bewusstseins. Dass sie es bereits IST – denn ihr Heiligenschein, der noch größer ist als der des Engels, zeigt auch sie als nicht nur der irdischen Sphäre verbunden, sondern als „Bürgerin" des Himmels (Phil 3,20), geistig beheimatet in der Gotteszeit, die alles Zeitliche hervorbringt. Nun ist die Ahnung dieses Bewusstseins in sie eingesenkt in einer neuen Intensität und Qualität: Auf einer berühmten Ikone der Verkündigungsszene aus der Nowgoroder Schule (12. Jh) ist es in der Form des Christuskinds Maria schon in voller Gestalt „ein-gebildet" (Abb. 4)

Sein Kopf, von einem Nimbus umgeben, ruht über ihrem Herzchakra und sie hält schützend ihre Hand darüber. Denn wie schon gesagt, findet nach orthodoxem Glauben das *Inkarnationsgeschehen im Moment der Verkündigung* statt, nicht erst mit seiner Geburt. Sinnbildlich geht es um die *Bewusstwerdung* des Göttlichen in Mensch und Schöpfung, die eine neue *Haltung* zu allem erfordert. Das ist das eigentlich Neue: die „Gottesgeburt" als Gewahrwerden der „Einwohnung" des Gottesgeistes in jedem Einzelnen, und die Möglichkeit, Göttlichkeit auch in allem anderen Geschaffenen zu erkennen.

„Verkündigung" ist also Schöpfungsakt und Moment der Individuation: Das „Wort" hat die Kraft, Erkenntnis „Fleisch" werden zu lassen durch die Fassungskraft der Menschenseele.

Und Maria weist diese Möglichkeit nicht zurück, sondern willigt ein, sie zu „bewahren" (ein Wort, das zu ihr gehört wie kein anderes), zu nähren, in sich Form gewinnen zu lassen, auszuhalten: *„Fiat", „genoito" – „es möge geschehen, möge werden"* (Lk 1, 38), sagt sie, als Frau bestens vertraut mit dem weiblichen Mysterium der Schwangerschaft, in dem alles Werden Zeit braucht. Eingestellt darauf, dass es ein langsamer, allmählicher Prozess sein wird, der Ausdauer, Geduld und Aushalten erfordert, Tag für Tag. Ein-

Abb. 4: Verkündigung, russische Ikone, 12. Jh, Tetrakow-Galerie Moskau. Diese berühmte Ikone aus der Nowgoroder Schule stellt den Moment der Verkündigung als bereits vollständig vollzogene göttliche „Einwohnung" des Göttlichen im Menschen Maria dar. Nach orthodoxer Tradition ist der Augenblick der Verkündigung auch der Augenblick der Inkarnation – „Verkündigung" wird demnach gleichbedeutend mit „Bewusstmachung" derselben. Während der Engel zu Maria schaut und mit seiner Geste sozusagen auf das Bildnis des ihr innewohnenden Christus-Geheimnisses in Maria hinweist, wiederholt Maria diese schützende und zugleich „haltende" Geste und schaut aus dem Bild heraus den Betrachter an: Dieser, der schauende Betrachter soll sich das Geschehene im eigenen Herzen ebenfalls bewusst machen. Maria ist zudem in der Tradition der großen „Lebenswirkerin" dargestellt: In der linken Hand hält sie ein Knäuel des von ihr nach apokrypher Überlieferung gesponnenen „Purpurfadens": Sinnbild der heilig-lebendigen Verbindung und der unablässigen Verwirklichung des Göttlichen in Welt und Leben.

gestellt auch darauf, dass sie vielleicht erst allmählich ganz erfassen wird, was dieser Moment bedeutet, und dass ihr äußeres Leben dadurch gewiss nicht einfacher wird. Eine Schwangere ohne geklärten Status: Als eine, die sich auf ein verdächtiges Abenteuer eingelassen hat wird sie dastehen.

Und trotzdem wird sie furchtlos die Erkenntnis, die sie in der unfassbaren Begegnung empfangen hat, bewahren und „zur Welt bringen" – bezwungen durch Rede aus der „ander Welt", geladen mit Gotteskraft (Lk 1,38) und einen Blick, einen ungeheuren Augen-Blick, der alles ändert. Ein Augenblick, der den Einbruch einer neuen geistigen Einstellung in die Menschheit bedeutet. Es ist das Geschautwerden und die schauende Antwort, die den Menschen Maria wandelt und sie zur Protagonistin einer neuen Bewusstseinsstufe der Menschheit werden lässt, ihr eine neue, freie Haltung zu ihrer Begrenztheit in der unbegrenzten Einheit von Gott, Mensch und Welt ermöglicht. Ob die Menschheit bereit ist, die Botschaft zu empfangen, zur Reife, „zur Welt zu bringen"?

Immer wieder fesselt mich der Blickaustausch zwischen den beiden handelnden Personen des Kölner *theatrum sacrum*. Ich kannte vorher keine Verkündigungsszene, in welcher sich die Augen von Engel und Maria derart direkt und intensiv begegnen. Und dies ist nicht nur ein „eindringliches" Anschauen und Angeschautwerden, Erkennen und Erkanntwerden, Spiegelung und Widerspiegelung – es ist ein *gegenseitiges Erkennen:* Angeschaut von der „Kraft Gottes" wird dieselbe von Maria in ihrem innersten Wesen erschaut und erfahren, durch Bild und Blick des Engels hindurch, und auch in diesem wird eine Spur davon bleiben, denn: *„Wer Gott erkennt, wirkt auf ihn" (Jung, Hiob, S. 38) :*„Gott"-Mensch-Welt sind in ständiger Wechselbeziehung.

Somit erlebt Maria, die Galiläerin mit unbekannter Vergangenheit stellvertretend ein alle rituelle Konvention, alle Regel der Glaubenswächter sprengendes Wunder: Eine spontane, unmittelbare Gottesbegegnung, die sich ganz und gar unterscheidet von der damals durch priesterliche Gnaden vermittelten „Einweihung" in den Mysterienvereinen. Maria braucht keinen Priester, der ihr souffliert. Sie erkennt und wird erkannt – in der ganzen biblischen Doppeldeutigkeit, welche die Rede vom „erkennen" von jeher begleitet, im Hebräischen und Griechischen gleichermaßen. Die *unio mys-*

tica trägt dieselbe Signatur wie die körperliche Vereinigung der Liebenden. In ihr erkennen sich Braut und Bräutigam, *Sponsa* und *Sponsus,* frei,
unmittelbar, spontan (lat *spontaneus* = aus freiem Willen, unmittelbarem
Trieb). Ihr Eros, ihre Liebesbeziehung, die zugleich ein Individuationsmo-
ment ist, braucht keinen Priester.

Und darüber, dass Maria die Frucht dieser Begegnung, den Eros der
neuen Schöpfung körperlich in die Welt hineintragen wird, besteht kein
Zweifel. Der Ikonograph der packenden Szene hat sie bereits aus dem
geschützten Raum ihrer Initiation heraustreten lassen. Sie wird heraustreten aus dem Raum der Imagination in die Realität als die wissende Seele
der Menschheit – ihre linke Zehenspitze berührt schon den Rand des Rah-
mens ...

Wie die Geschichte weitergeht, ist bekannt.

In der Sprache des Mythos wird dieses Neue der Welt als göttlicher
Sohn mit Namen Jesus, „Jahwe ist Heil" oder „Retter", erscheinen. Und
jener, fortan zur Hauptperson der neuen Bewegung erhoben, wird in jeder
Faser seines Wesens und seiner menschlichen Existenz durchdrungen sein
von diesem neuen Bewusstsein, das ihn frei macht von allen Regelzwän-
gen, weltlichen wie religiösen.

Dass Jesus dafür gekreuzigt wurde, ist eine sich täglich wiederho-
lende Tragödie: Die Kreuzigung der Erkenntnis des göttlichen Wesens
alles Lebens und der Verantwortung, die uns daraus erwächst. Tatsächlich wurde und wird sie stündlich „für unsere Sünden", unsere Verantwor-
tungslosigkeit, unsere mangelnde Einsicht und Weisheit gekreuzigt. Aber
so, wie sie kirchlicherseits seit Paulus erzählt wird, reißt die Geschichte
von der Kreuzigung Jesu den Graben zwischen „Gott oben" und „Sün-
denwurm unten" immer wieder auf, als sei er nicht potenziell durch das
eindringliche Bild der „Verkündigung" als einer Wiedererinnerung an die
„Einwohnung" des unbegrenzten Einen in Seele, Menschheit, Erde über-
wunden: Symbolisiert durch die Gestalt der Maria (Stählin, S, 226).

Haben wir dieses großartige marianische Geheimnis immer noch nicht
verstanden? Oder wollen wir es einfach nicht verstehen, aus Bequemlich-
keitsgründen und trotz den eindringlichen Überlieferungen vieler Mysti-

ker, zu denen auch *Angelus Silesius (1624-1677)* gehört? Der war zunächst
evangelisch, hieß Johannes Scheffler, war weitgereist und mit fast allen sei-
nerzeit bekannten mystischen Strömungen vertraut. Darum war er über
die Kleingeistigkeit, mit der ihm an dem kleinen protestantischen Hof,
an dem er angestellt war, verboten wurde, einige traditionelle mystische
Schriften zu publizieren, derart empört und „außer sich", dass er einem
ekstatischen Zustand der Inspiration in einem Zug das ganze erste Buch
seines „*Cherubinischen Wandersmann*" niederschrieb (302 Epigramme!).
Das dreiundzwanzigste lautet:

Ich muss MARIA sein und Gott aus mir gebären,
Soll er mich ewiglich der Seligkeit gewähren.

Anschließend ging er in ein Jesuitenkloster und ließ sich ein Jahr später (1623) katholisch taufen. Taufname: *Angelus*, Engel. Als solcher einer,
der göttliche Winke, göttliche Rede zu überbringen hat, wohl selbst als
göttlicher Wink göttliche Kraft, Sprache, Rede aus einem Jenseits („ander
Welt") ins Diesseits bringen soll.

Bedauerlicherweise verstand sich der neugetaufte Angelus bald auch als
Racheengel, indem er sich von der Gegenreformation in Dienst nehmen
ließ und mit schäumender Sprachgewalt gegen seine evangelisch gebliebenen Brüder und Schwestern eiferte.

Dergleichen war dem Temperament meiner Tante fremd. Sie war im
Zeichen der Waage geboren, in dem die Göttin Venus regiert.

Ihr geistiger Eros hatte sie im Katholizismus Verständnis für ihre
Ahnung von der Bedeutung Marias für den christlichen Mythos finden
lassen. Und den „heiligen Sinn" für das Symbolische, für die Schönheit der
Rituale, die vor dessen Vertrocknung bewahren.

Wobei mich ein übermütiger Gedanke streift, wie der Flügel eines
unablässig in Liebesdingen vermittelnden mythischen Hauchs:

Ob vielleicht meine Tante auch im Blickaustausch mit ihrem pfarrer-
lichen Spiritual gelegentlich etwas aufleuchten sah, was in seiner spirituellen Wirkung nicht unterschätzt werden darf. Denn Religion ist eine
durchaus erotische Angelegenheit – was einem engstirnigen protestantischen Höfling wiederum gotteslästerlich erschiene.

9. Was kann aus Nazaret Gutes kommen? (Joh 1,46)

Meine Patentante werde ich im Folgenden seltener erwähnen. Ich beabsichtige nämlich eine Kaleidoskopdrehung, eine Perspektive, auf die sie nicht ohne weiteres gekommen wäre. *Wäre* sie darauf gekommen und hätte genausoviel Widerstandskraft gegen Konventionen gehabt wie ihre Tauf-Matronin Maria (die aus Nazaret war und darum ebenso verdächtig wie ihr Sohn), hätte sie vielleicht nicht die Konfession wechseln müssen (vgl. Joh 1,46).

Aber es waren eben vor dem zweiten Vatikanischen Konzil (1962-1965) noch andere Zeiten. Es hatte beispielsweise noch keine Studentenrevolte wie die von 1968 gegeben. Damals reklamierten widerständige und eigen-sinnige junge Leute für sich die Freiheit, nicht mehr alle „letzten Wahrheiten" brav nachzubeten, die aus dem Munde eines jeglichen Talarträgers kamen.

Und selbiges sollte sich in der Folge als gesamtgesellschaftliche Meinungsverflüssigung und interessante Perspektiverweiterung herausstellen. Basispolitisch ergriff man Partei für die Unterdrückten und Unterprivilegierten (also sozusagen für die aus Nazaret), es entstand eine „Theologie der Befreiung" (die bis heute weiterwirkt), nicht nur in Südamerika, es entstand eine „feministische Theologie", die auf die Männerlastigkeit der herrschenden religiösen Ensembles hinwies und sie kritisch unter die Lupe nahm. Es entstanden überall Bewegungen „von unten", und es häuften sich Marienerscheinungen (Medugorje, Kroatien; Sievernich, Eifel, wiederauflebend in Marpingen, Sauerland usw.). Evangelische und Heiden-Frauen begannen sich für Maria zu interessieren, Tagungshäuser boten diesbezüglich Nachhilfe an, seriöse Verlage druckten feministische Literatur zu Maria und ihren überzeitlichen Vorfahrinnen und in den Niederlanden fing Maria gar an unter Jugendlichen eine Art Pop-Star zu werden.

Zweifellos gab (und gibt) es Übertreibungen auf allen Ebenen, aber jedenfalls war das Weltanschauungs-Kaleidoskop kräftig durchgeschüttelt worden. Ja, ich könnte mir durchaus vorstellen, dass beim subversiven Zufächeln der neu erwachten Träume von Freiheit und Autonomie die 1950 kirchenoffiziell aufgestiegene Maria die Hand im Spiel hatte, wie so oft in Sachen Emanzipation.

Doch auf Marienerscheinungen und die mächtige Strömung einer „New-Age-Bewegung" möchte ich erst einmal gar nicht hinaus.

Worauf ich hinaus möchte, ist vielmehr eine seit den 1950er Jahren sich verstärkende Aufmerksamkeit für das mythische und symbolische Leben, und zwar nicht nur das exotischer Kulturen, sondern auch der vergessenen Traditionen des Abendlandes.

Wie schon erwähnt, war einer, der die Grenzen der damals amtierenden psychologischen Modelle in bahnbrechender Weise überschritten hat, der Arzt und Psychiater C. G. Jung.

Er begnügte sich nicht mit den damals allfälligen spiritistischen Abenteuern und fernöstlichen Versenkungspraktiken, sondern vertiefte sich mit Feuer und unter Gefährdung seiner psychischen Gesundheit in die rätselvollen Geheimlehren, welche das sogenannte christliche Abendland seit der Antike begleiteten – und inspirierten. Bereits 1943 konfrontierte er die Welt mit einem gewaltigen Werk über die Berührungspunkte von Psychologie und religiösen Erlösungsvorstellungen in der Alchemie, das viel Staub aufwirbelte, aber schon 1951 in zweiter Auflage erschien.

Was ihn zu dieser zeitlich und seelisch höchst aufreibenden Arbeit getrieben hatte, waren teils eigene Erfahrungen, die sich in gängige Schemata nicht einordnen ließen, teils die Ahnung, dass Methoden und Bildsprache der Alchemie *einen in materielle Prozesse projizierten Erkenntnisweg* wiesen. Der seriöse Alchemist will nämlich nicht „Gold machen", sein „Gold" (lat. *aurum)* ist der *lapis,* der „Stein der Weisen". Nicht um „vulgäres" Gold geht es, sondern um das *aurum non vulgi,* die Erkenntnis dessen, *„was die Welt im Innersten zusammenhält"* (Faust I, erste Szene).

Und dieses subtile „Gold" entsteht durch hingebungsvolle Beschäftigung mit der von allen Höherflüglern verachteten „niedrigen" Welt des Stofflichen. Daraus soll in mühevollen Veredelungsprozessen das Wunder-und Heilmittel mit den tausend Namen und Erscheinungsformen *(„ich sehe dich in tausend Bildern ...)* herausdestilliert werden: *„Im Dreck"* wird der *lapis* gefunden! In der christlich praktizierten *Alchemia mystica* entspricht ihm sowohl die *erkennende Seele,* als auch *Christus.* Denn auch Christus musste in seiner materiellen Existenz durch Erniedrigung und Leiden gehen, um zur „Auferstehung" zu kommen, die wiederum das geläuterte Sein, das „Gold" spiegelt.

Es geht also in der Alchemie letztlich um einen *Einweihungsweg*, praktiziert im Umgang mit der materiell gegebenen Stofflichkeit – der Erde also – letztlich mit dem alltäglichen, „niedrigen" Leben. Der Schatz ruht in den *„irdenen Gefäßen"* (2. Kor 4,7). Und so braucht auch der alchemistische Weg gläubige Seelengefäße als konkrete Laborgefäße, die etwas aushalten. Und das wiederum heißt: Auf den *Menschen* kommt es an! Der in seiner ganzen *Haltung* bereit ist, sich auf einen langwierigen Prozess mit Leib und Seele einzulassen. *„Die Kunst fordert den ganzen Menschen"*, sagt ein alter Alchemistenspruch. Den ganzen Menschen, der bereit ist für Erfahrungen, die vielleicht sein Leben ändern und der riskiert, anderen verdächtig zu werden – wie Maria.

Diese hatte sich mit ihrem *„fiat"* ganz und gar eingelassen auf einen solchen Einweihungsweg, der den *„ganzen Menschen"* fordert. In der Sprache C. G. Jungs ist das auch der Weg der *„Individuation"*, der Menschwerdung im eigentlichen Sinn. Ein mühsamer Weg durch Höhen und Tiefen, durch den aber ein Mensch auch erfährt, *„wie Gott ihn gemeint hat"* (Dostojewski): Er erfährt nämlich einerseits sein fragloses Angeschlossensein an das Unbegrenzte (Göttliche), aber auch sich selbst in seiner Individualität. Zusammen macht das seine absolute Einmaligkeit und Würde aus, zu der auch Irrtum, Schuld und Schatten, moralische Schwächen gehören. Und indem ihn das Wissen um seine Zugehörigkeit zur Sphäre des „Ewigen" beflügelt, kann der Mensch sein „irdenes" Dasein in all seiner Fehlbarkeit aushalten und gelangt so zu einer neuen Freiheit und Mündigkeit – wird ein „neuer Mensch".

Alchemie ist dem Allgemeinverstand bis heute verdächtig. Als *„Alchemia mystica"* jedoch wurde *„die Kunst"* auf hohem Niveau von honorigen Geistlichen bis ins 18. Jahrhundert hinein betrieben, zumindest arbeitete man sich in ihre Symbolik ein: Prominente protestantische Beispiele sind der Mystiker Jacob Böhme (1575-1624) und Valentin Andreae (1586-1654), Dichter des Rosenkreuzermythos und Hofprediger in Stuttgart, dem „die Kunst" schon von seinen Eltern her bekannt war, ihrerseits der Tübinger Ehrbarkeit zugehörige Pfarrersleute.

Viel zu wenig bekannt ist die württembergische Prinzessin Antonia, (1613-1679), Initiatorin und Stifterin einer in der Welt einmaligen Rarität, noch heute in Bad Teinach (Nordschwarzwald) zu bestaunen: eine christlich-kabbalistische Lehrtafel, in der sogar wesentliche, im Jüdischen traditionell „männlich" besetzte Sefiroth (göttliche „Abglänze") mit weiblichen Symbolfiguren, gar traditionellen Mariendarstellungen besetzt sind!

Nicht zu vergessen der Theolog und Theosoph Friedrich Christoph Oetinger (1702-1786), der sowohl Kabbala als auch Lehrtafel hoch schätzte, ein unbeirrbarer Erforscher der Geistigkeit von Erde und Leiblichkeit, der für seine Einsichten seine Reputation auf's Spiel setzte: Ein großes, ein wichtiges Erbe von ungeheurer Aktualität! Aber immer noch besteht seitens der Kirche kaum Interesse, sich damit zu befassen – scheint sie doch buchstäblich eine „Heidenangst" zu haben, ihre Schäflein könnten abdriften in verwegene Selbst-Experimente und Gefilde der „esoterischen" Art. Wobei „Esoterik" eigentlich nichts Verrufeneres bezeichnet, als das Betrachten der „Innenseite" dessen, was Gewohnheit und Halbverstehen in fromme Floskeln fasst – und sich mit Geist, Leib und Seele darauf einzulassen. Trotzdem scheint das gefährlich zu sein. Warum?

Alle Einweihungswege setzen ein Ernstnehmen der *Seele* voraus: als Wirklichkeit vermittelndes *Organ und Voraussetzung jeder Erkenntnis* („ohne Maria kein Christus..!"). Aber über „das Psychische" legt man lieber nüchterne theologische Gleise, weil man die Seele (wie einst Dr. Freud) doch verdächtigt, „nichts als" ein geist-und gottloser Sammelplatz alles Triebhaften zu sein.

C. G. Jung konnte sich über diese Geringschätzung der Seele und die Abwehr der Einsicht, dass sie „*Thron Gottes*" (Meister Eckhart) und mystischer Ort religiösen Erlebens sei, mächtig aufregen. Er sah die Seele nicht nur als „*autonomen Faktor*" (Hiob, 6), sondern sogar als „*eine dem Bewusstsein übergeordnete Ganzheit, Mutter und Vorbedingung des Bewusstseins*" (GW 4, § 781) und erboste sich:

> *Woher weiß man denn solchen Bescheid über die Seele, dass man sagen kann, „nur seelisch"? So spricht und denkt nämlich der Abendländer, dessen Seele offenbar „nichtswürdig" ist. Wäre viel darin, so würde man mit Ehrfurcht davon reden. (GW 12, § 10)*

Nach Jungs sowohl empirischer wie auch durch sein Studium „esoterischer" Texte östlicher und westlicher Provenienz begründeter Erfahrung überragt die Seele jedoch *„den sterblichen Bewusstseinsmenschen um ein Vielfaches an Bedeutung, sodass es dem Christenmenschen eigentlich verboten wäre, die Seele als ein Nur zu betrachten ... Unser Bewusstsein umfasst die Seele nicht, und es ist daher lächerlich, wenn wir in gönnerhaftem oder verkleinernden Ton über Dinge der Seele sprechen ... Ja, die Innigkeit der Beziehung zwischen Gott und Seele schließt jede Minderbewertung der Seele von vornherein aus ... auf alle Fälle muss die Seele ... eine Entsprechung zum Wesen Gottes haben."* (GW 12, § 11)

C. G. Jung also hat sich dieser Seele sehr angelegentlich angenommen – gerade auch in ihrer religiösen Dimension. Aus seiner Sicht muss die Seele eines jeden *„eine Beziehungsmöglichkeit, das heißt eine Entsprechung zum Wesen Gottes haben, sonst könnte ein Zusammenhang nie zustande kommen."* (GW 12 § 11)

Und nicht nur Beziehung – auch die Seele als Ort, Raum oder Faktor, als „Feld", das zur Hervorbringung des Gottes-Bildes *unverzichtbar ist.* Und dass sie das als etwas tut, das sich unserem Zugriff, ja unserem Begriffsvermögen entzieht. Denn – wie die biblische Weisheit – ist sie sozusagen der unsichtbare Ordnungs-, Wandlungs- und Imaginationsraum, das gläserne alchemistisch *vas* (Gefäß), das uns eine Gotteserfahrung überhaupt erst ermöglicht – ein Gottes-Bild, das sehr wandelbar ist und je nach kulturellem Hintergrund und seelischer Empfindungsfähigkeit sehr verschieden ausfallen kann.

Erinnern wir uns an den Lobgesang auf Maria (Kap 4) von Romanos Melodos für Justinian, seit 527 Kaiser von Byzanz?

Hören wir ein paar Takte mehr:

Sei gegrüßt, Raum Gottes, den der Raum nicht zu fassen vermag,
Zugang zum unverfügbaren Geheimnis.
Sei gegrüßt, den Ungläubigen ein widersprüchliches Gerücht,
den Gläubigen ein unwidersprochenes Rühmen.
Sei gegrüßt, Unversöhnliches hast du versöhnt,
jungfräulich hast du geboren ...

Man fasst es nicht: Die Seele ist „Fassung" des Unfassbaren, der kostbarsten, unvergänglich göttlich-schöpferischen Geist-Essenz! Wie ist sie, MARIA, Symbol der Seele, *„zu jenem Nazaret geworden, von dem nichts Gutes kommen kann?"* wie Jung in „Psychologie und Alchemie" sarkastisch feststellt (GW 12, § 126)"

Nun, so herrlich weit haben wir es eben gebracht seit wir Aufklärung, Positivismus, Technizismus, Industrialisierung, „Fortschritts"-und Maschinendenken mystifizierend in den Status religiöser Glaubenssätze erhoben haben, unsere Kaleidoskope mit Schrauben und Dichtungen füllen – solche kann man in den Kunstmuseen des Schraubenherstellers Reinhold Würth in Künzelsau und Schwäbisch Hall erwerben, der aber auch eine hochkarätige Sammlung religiöser Kunst sogenannter Alter Meister zusammengetragen hat. Unter anderem dort eine wunderbare Madonna mit rosa Muschel-Aureole von Hans Holbein dem Jüngeren, für die ich gern eineinhalb Stunden fahre ...

Abb. 5: Schutzmantelmadonna des Basler Bürgermeisters Meyer zum Hasen, gemalt von Hans Holbein dem Jüngeren zwischen 1524 und 1526, Sammlung Würth, Schwäbisch Hall. Diese Madonna aus dem Bilderschatz der Fürstenberger wurde zu einer Zeit gemalt, als Basel bereits protestantisch war. Der Bürgermeister, der sie in Auftrag gegeben hat, konnte sich und seine Familie nur durch Flucht der Verfolgung durch den Rat entziehen. Seine ganze Familie, mitsamt der bereits verstorbenen ersten Ehefrau (mit Kinnbinde) ist abgebildet und unter den Schutz Marias gestellt. Rätselhaft die zweifellos symbolische Geste des kleinen nackten Knaben, die auf eine „Verwerfung" im Teppich hinweist, vielleicht die Verwerfung, die durch die Glaubensspaltung sowohl im Lebens-als auch Glaubensteppich nicht nur dieser Familie entstand, auch im Marienglauben. Vielleicht auch Hinweis auf das spätere Leiden Christi. Dennoch bildet Marias Mantel einen tröstlichen Raum innerer Sammlung, ebenso wie die überwölbende Muschel aus rosa Marmor, einem häufigen Mariensymbol: Maria selbst trägt an einem dünnen Goldkettchen die dazugehörige Perle: Symbol des im Schutz der Muschel in Stille (und Schmerz) gereiften und nun manifest gewordenen Christusgeheimnisses der göttlichen Einwohnung in der Seele eines jeden.

10. Vom Andenken und der Andacht der Seele

Und wieder einmal, wie ein bestätigender Wink, an dieser Stelle ein wundersames Zusammentreffen: Per Post die Druckfahnen eines Vortrags, den ich auf einer Tagung über die Symbolik der *Muschel* gehalten habe und im Zentrum „meine" von einer riesigen rosa Muschel überwölbte, im wahrsten Sinne anbetungswürdige Schutzmantelmadonna des Basler Bürgermeisters Meyer zum Hasen, gemalt zwischen 1524 und 1526 von Hans Holbein dem Jüngeren (Abb. 5).

Schwer zu fassen, aber dieses gemalte Wunder hat seinem Auftraggeber, um ein Haar den Kopf gekostet. Denn zur Zeit der Fertigstellung war Basel bereits evangelisch, und der Rat geizte nicht mit drakonischen Exempeln an marienverehrenden Ketzern. Nur durch Flucht konnte sich die Familie retten.

Und diese Familie ist vollständig und eine warme Menschlichkeit ausstrahlend mit dargestellt, wie auf solchen Stifterbildern damals üblich. Dass dabei zugleich gewisse allegorische Aufladungen hineingeheimnist wurden, war ebenfalls üblich. Sie müssen uns hier aber nicht im Einzelnen beschäftigen.

Was mich an dem Bild ergreift, ist nun nicht nur die fast fotografisch genaue Lebendigkeit und Farbe ihrer Darstellung – die auch der bereits verstorbenen ersten Ehefrau ein Andenken der Immer-noch-Zugehörigkeit so selbstverständlich einräumt. Es ist vielmehr eine Stimmung, eine nach innen gewendete Klarheit, in der die Familie genau zu erkennen scheint, was die Stunde geschlagen hat, und das ist – Abschied. Die Ahnung, dass ihrer Welt gerade etwas abhanden kommt, das sie bisher getragen und umhüllt hat, ein seelischer Beistand, den sie sich fortan nur noch durch gesammelte Er-Innerung erhalten können. Ja, sie spüren die Magie der bergenden Muschel noch, den Schutzmantel, sind erfüllt von der Präsenz dieser archetypischen Kraft, deren Bild Maria ist, Maria als Weltseele, Seele der Menschheit, der Schöpfung, Hüterin des Heiligen, innerstes Gefühlszentrum, bewahrender Raum wahrer Selbstwerdung und Seelenführerin jedes Einzelnen durch das Labyrinth der Realität.

Aber die Zeiten sind dabei, sich zu ändern. Ein kalter, gewaltsamer Wind fegt über die zeitgenössische Glaubenswelt hinweg und wird sie austrocknen. Was mich ergreift, ist dieses Auf-sich-selbst-Geworfensein dieser

Menschen und die Haltung ihrer Andacht, ihrer Ahnung, dass die Schönheit, Zartheit, stille Lieblichkeit der verzaubernd schönen, rührenden und doch schützende Souveränität ausstrahlenden Mütterlichkeit, der Halt und Trost dieser „ander Welt" und all das, was sie symbolisiert, zum Verschwinden gebracht werden wird.

Es ist ein Abschied, ein Abgesang, fast hätte ich gesagt, ein Requiem, aber da wird ja niemand in Frieden ruhn, sondern die Glaubenswelt wird weithin ihrer Kreuz-und Leidfixierung überlassen und der geistiges Wachstum ermöglichende mütterliche Seelenraum Marias den Blicken entzogen.

Was mich ergreift ist die stille Melancholie und das duldsame Einverstandensein aller Beteiligten – vom Schmelz und der überwältigenden Virtuosität der Darstellung gar nicht zu reden.

Rührt auch dieser vielleicht aus einem Abschied?

Von der Trauer des Künstlers, dass ihn nun kaum jemand noch um eine Marienbildnis bitten wird in einer entzauberten Welt?

Auch das ergreift mich, greift mich an. Denn es ist ein Angriff auf die Seele, auf ihre Weisheit, die aus sich selber wächst, und die wir brauchen, wenn wir „ganze", d. h. mündige Menschen werden wollen und unsere individuelle Aufgabe in der Welt erkennen.

All das wird in die Verbannung geschickt. In die Wüste. (Wie die Sonnenfrau aus der Apokalypse, Off 1,6). In die Geringschätzung (Nichts Gutes aus Nazaret) – wer holt sie zurück?

Meine Mutter hatte auf dem oberen Sims ihres Schreibsekretärs eine Fotogalerie. Eine bunte Mischung von Erinnerungen an Vergangenes (Kinderbilder, „Schnappschüsse" von uns und unseren Kindern), Abwesende (Bilder meiner Schwester, die im Ausland lebte), liebe Verstorbene, die sie noch gekannt hatte, Ahnen, Urahnen. Wichtigstes, gerahmtes Bild war das meines im Krieg gebliebenen Vaters, den ich nie kennengelernt hatte. Er galt als „verschollen" oder „vermisst".

Sicher ist, dass meine Mutter (und wir Kinder) ihn auf's schmerzlichste vermissten und herbeiwünschten. Es wäre ein Wunder gewesen, und um dieses Wunder baten und beteten wir gegen alle Vernunft inständig, noch zehn Jahre nach Kriegsende.

Quasi-sakrale Arrangements wie die im Wohnzimmer meiner Mutter werden in vielen Familien gepflegt. Ihnen gemeinsam ist, dass darin Per-

sonen und Momente verewigt sind, die auf die eine oder andere Weise vergangen oder verschwunden sind.

Was im Bild bewahrt werden soll, wird vermisst. Es ist nicht (oder so
nicht mehr) anwesend. Es dient, falls Hoffnung auf Wiederkehr besteht,
der Beschwörung derselben, ansonsten dem Andenken der Erinnerung,
und seine Anwesenheit muss durch sein Bild aus der Nichtpräsenz in die
Präsenz herbei-oder hervorgerufen werden. Das geschieht durch Andenken, andächtiges Betrachten.

Im Bezirk des Religiösen nennt man das Andacht, und es gibt dafür
spezielle Andachtsbilder, wie das des Bürgermeisters Meyer zum Hasen.
Aber im Prinzip dient jedes Bild und jede Szene aus dem religiösen oder
auch familiären Kosmos als Andachtsbild. Dem Herbeirufen eines vermissten, unsichtbaren Wesens, einer geheimnisvollen Er-Innerung, von
der man sich ein tröstendes, aufbauendes Hineinwinken in die Realex-
istenz erhofft.

Auch meine Mutter hatte übrigens, gegen alle protestantische Konvention, einen Kunstdruck der Stuppacher Madonna von Matthias Grünewald über dem Bett hängen. Sie erhoffte Mitgefühl und Trost von ihr nicht
unähnlich dem Basler Bürgermeister. In Maria war auch für sie die ganze
schmerzliche und doch hoffnungslebendige Sehnsucht versammelt. Maria
war im christlichen Glaubenskosmos seit mindestens 1500 Jahren die am
häufigsten dargestellte Ikone. Ihre Präsenz musste offensichtlich schon seit
langem am dringlichsten beschworen werden, weil das, was man von ihr
erhofft, schon länger vermisst wird: mütterliche Einfühlung, Trost und
Wunder – Hoffnung und Vertrauen auf das Sein-und Werdenkönnen aus
dem Grund unserer Seele.

Vor allem Protestanten (aber inzwischen auch „aufgeklärten" Katholiken) ist die Hoffnung auf Wunder aus dem Imaginationsgrund der Seele
(Maria) abhanden gekommen. *„Verbum volo, miraculum nolo – das Wort
will ich, nicht das Wunder",* hatte Luther gedonnert. Merkwürdig brav
sehen die Protestanten darum in Maria, diesem Symbol des geheimnisvollen Initiations-und Wandlungsraums, der die schöpferische *unio mystica*
von Geist und Seele ermöglicht, nichts Wichtiges. Ist die Bewusstwerdung
unserer eigenen Seele und Person als Erfahrungs-und Initiationsraum für
ein neues Bewusstsein etwa kein Wunder?

Offensichtlich keines, dessen man sich wirklich bewusst wäre. Das Neue manifestiert sich für die meisten erst (und immer in Gefahr historischer Veräußerlichung) in Marias Sohn als dem heroischen Gottessohn (*solus Christus*). Er ist das Eigentliche, nur auf ihn kommt es an. Alles andere kann man überspringen.

Damit glaubt man sich auf das einzig Wesentliche und Eigentliche zu konzentrieren. Allein auf das weltüberwindende *Ergebnis,* und das heißt Jesus-Christus. Und dieses Eigentliche erreicht man „*allein* durch die Gnade" (*sola gratia*). Ein Begriff ohne sinnlich-symbolisches Bild. Reinster Nominalismus (Koepgen, S. 26). Nicht etwa Maria als „*mater divinae gratiae,* Mutter der göttlichen Gnade, wie in der Lauretanischen Litanei. Solche Bilder, Ein-bildungen, Imaginationen braucht man nicht. Es interessieren *allein* die geschriebenen Wörter, die in der Bibel stehen (*sola scriptura*). Und an die muss man eben glauben (*sola fide*). Das sind die vier Pfosten, die der Reformator Martin Luther vor 500 Jahren eingerammt hat. Mir ist zwar merkwürdig, dass der Solus-Reduktionismus dann doch eine *Vierheit* bildet, aber reformistisch-nominalistisch aufgeklärt stehen die Soli hier und können nicht anders. Maria bekommt bestenfalls ein Plätzchen als vorbildliche Gläubige („auf Christus hin"). Auf einem bescheidenen Seitenaltärchen – wenn es denn das noch gäbe ...

Maria also als Mittel zum Zweck. Das Göttliche erst nach ihr in Menschengestalt, „Gott" erst in Jesus Mensch geworden.

Ich drehe mein Kaleidoskop um eine Winzigkeit und es konstelliert sich eine unbotmäßige Laien-oder Kinderfrage: Und was war der Mensch (auch Maria) davor? Ist nicht jeder Mensch seit jeher ein göttliches Ereignis?

Wie gesagt, eine Narren-und Kinderfrage. Aber – *sola scriptura* – sie müsste erlaubt sein, denn „*so ihr nicht werdet wie die Kindlein, werdet ihr nimmermehr ins Himmelreich kommen.*" *(Matth 18,3)*

Leider sind Kinder und Laienfragen aber denen, welche die theologische Deutungshoheit haben, genauso wenig wichtig wie Maria den „Aufgeklärten". Allerdings: Maria hielt möglicherweise nicht viel von den Herrschenden und Allzuklugen, und falls sich der Laie an ihr ein Beispiel nähme, könnte sie gefährlich werden ... Also betrachtet man sie besser als

Untergeordnete, die man – Jesu Vorliebe für Untergeordnete zum Trotz – für's große Ganze nicht so wichtig nehmen muss.

Was nun aber die obige Kinderfrage noch etwas erweitert, denn: Warum ist Jesu betonte Zugehörigkeit zu den Erniedrigten und Beleidigten (was kann aus Nazaret Gutes kommen ...) bei ihm ein Adelszeichen, eine archetypische, mythische Signatur verborgener Größe und Herrlichkeit – *und bei Maria, der Begnadeten, nicht?*

Dass letzteres vielleicht nicht nur ein Kinderfrage im kaleidoskopischen Spiel der mythischen Zeichen ist, zeigt sich in universal verbreiteten Überlieferungen, dass „der Mensch" ursprünglich ein Königskind ist, das als Bettler durch die Welt zieht und in seiner königlichen Herkunft nicht erkannt wird, sie gar selber vergessen hat. Ähnliches finden wir in vielen Märchenmotiven, etwa der Geschichte vom Aschenputtel.

All diese Geschichten zeigen, dass das Volk schon immer ein gutes Gespür dafür hatte, dass sich im scheinbar Niedrigen und Erniedrigten ein höchster Wert verbirgt und dass Schwierigkeiten zu überwinden sind, um diesen Wert zu erkennen.

Abb. 6: Gnadenbild „Unserer Lieben Frau von Guadeloupe", Mexiko. 1531 erschien diese „Schwarze Madonna" in den Bergen von Teypac dem einfachen, dunkelhäutigen Mexikaner Juan Diego und trug ihm auf dafür zu sorgen, dass zu ihren Ehren eine Kirche erbaut wurde. Mit allerlei Wundern, zu denen auch Rosen im Winter gehörten, stand ihm Maria bei, den Klerus von der Bedeutung der Erscheinung zu überzeugen. Unter anderem erschien ihr Bild auf dem Mantel des Juan Diego aus Agavengewebe, ohne dass bis heute Wissenschaftler hätten darauf Farbspuren entdecken können. Die Kirche wurde gebaut, und seither wirkt die dunkelhäutige Madonna als Fürsprecherin aller Erniedrigten, Armen und Schutz der Schwachen. Von Papst Benedikt XIV. wurde sie 1754 zur Schutzherrin des Landes erklärt, 2002 sprach Papst Johannes Paul Juan Diego heilig. Guadeloupe ist heute der berühmteste Wallfahrtsort der Welt. Für die Südamerikaner lebt in der Erscheinung dieser Madonna ihre vor der gewaltsamen Christianisierung mächtige Göttin Tonantzin in christlicher Verwandlung weiter (Octavio Paz).

11. Die Wegweisung

Hier ist nun ein Geständnis fällig: Obwohl ich mir bei meiner *work-in-progress*-Idee geschworen habe, jeweils den aktuellsten Blinkzeichen zu folgen, muss ich zugeben, dass am Anfang des Unternehmens ein bisher verschwiegener Impuls stand.

Ohne besonderen äußeren Anlass war mir nämlich ein Buch aus meinem „Marienregal" wieder eingefallen, das ich nun zum zweiten Mal las – und zum zweiten Mal fasziniert war.

Es handelt sich dabei um ein 2003 abgeschlossenes Buch des Historikers, Journalisten und Autors Paul Badde über die Maria von Guadelupe, die *„Morenita"*, die Beschützerin aller durch Herkunft, Hautfarbe und Geschichte unterprivilegierten Südamerikaner: 1531 erschien Maria in den Bergen von Teypac unter wundersamen Umständen einem einfachen dunkelhäutigen Mexikaner, Juan Diego und trug ihm auf, dafür zu sorgen, dass eine Kirche zu ihren Ehren erbaut würde. Ihm, dem unbedeutenden, einflusslosen Mexikaner – was für eine Aufgabe! Aber Juan Diego fügte sich. Mit allerlei Wundern, zu denen auch Rosen im Winter gehörten, stand die Madonna ihm bei, um den Klerus von der Erscheinung zu überzeugen. Unter anderem erschien ihr Bild auf dem Mantel des Diego Juan, und bis heute konnte kein Wissenschaftler die geringsten Farbspuren feststellen.

Die Kirche wurde gebaut, und seither wirkt die dunkelhäutige Madonna von Guadelupe (Abb. 6) als Trost der Armen und Schutz der Schwachen, nicht nur in Mexiko sondern in aller Welt. Zahllose Nachbildungen sind entstanden, u. a. eine von Papst Franziskus sehr verehrte im Vatikan. Durch alle hindurch ist sie tätig als Beschützerin und Fürsprecherin derer, die „unten" sind (die Aschenputtels, die aus Nazaret). Für die Südamerikaner sei es damals gewesen, als sei in ihr die vor der gewaltsamen „Christianisierung" verehrte Göttin Tonantzin in christlicher Verwandlung wiedererstanden und habe allen Erniedrigten ihre Heimat neu geschenkt, schrieb der Dichter Octavio Paz 1980 (Schreiner, S. 62). Und schließlich wurde sie nicht nur zur „Mutter" von ganz Nord-und Südamerika, sondern Guadelupe ist heute der berühmtesten Wallfahrtsort der Welt, vor allem, nachdem Papst Benedikt XIV. die Madonna von Guadelupe 1754 zur Schutzherrin des Landes erklärt hatte.

1979, über 200 Jahre später besuchte sie auch der weltoffene Papst Johannes Paul II. – Paul Badde war mit dabei in seinem Tross, und vor kurzem erst wurde Juan Diego heiliggesprochen.

Paul Baddes packendes Buch beginnt damit, dass er schildert, wie es überhaupt dazu kam, dass er sich auf die Spur dieser Maria setzte, von den vielerlei Winken, die ihm zufielen und ihn derart infizierten, dass er schließlich alles unternahm, um dem Rätsel nachzugehen.

Dazu gehörte das Gedicht einer glühend religiösen, unbekannten schwedischen Dichterin, das sie ihm einst gewidmet hatte. Er hatte es vergessen – nun flog es ihm auf Umwegen wieder zu.

Die Dichterin hieß Hedvig Fornander und auch ich hatte bisher nie von ihr gehört.

Doch für Badde wurde das wiedergefundene Gedicht einer seiner Wegweiser – und mir, 13 Jahre später, halb bewusst, halb unbewusst, auch. Nicht von ungefähr lautet einer der Beinamen Marias: *Hodigetria,* die den Weg weist. Und hier die Wegweisung:

Erscheinung Mariens
Geh sie suchen, die Herrliche
von Ost nach West, von Nord nach Süd
ob sie vielleicht ein Zeichen hinterlassen hat
ob jemand sie des Weges sah.
Hier ist jede Gegend eine fremde
hier verlieren sich alle Wege am Horizont.
Du musst durch die dreifach tiefen Wälder
Du musst durch das Tal des Vergessens
du musst durch das Wasser, das dich entledigt
all dessen, was dich behindert.
Sieh, da ist sie die Herrliche
schöner als je
erstrahlend im Glanz ihres Volkes
im Lichtkreis, der aus Menschen besteht
dich grüßend
sie, der du gehörst.

Anfänglich störte mich soviel Pathos. Aber etwas fesselte mich trotzdem: Wie in der archetypischen „Quest" (Gralssage), wie in den Märchen, in denen es gilt, die „schwer zu erreichende Kostbarkeit" zu erringen oder jemand zu erlösen, hat der Weg etwas Archetypisches: Dreifache Hindernisse sind benannt, die es zu überwinden gilt: *Die dreifach tiefen Wälder, das Tal des Vergessens, das Wasser, das von aller Behinderung entledigt.* Und mir, bei meinem Bemühen, Maria in neuem Licht zu sehen, war sofort klar, dass es gerade bei Maria hochnötig wäre, was im Grunde für alle christlichen, kirchenverstellten Bilder gilt: Das „göttliche Ereignis", das *Wesen* hinter den „dreimal tiefen Wäldern" theologischer Zuschreibungen aufzudecken. Sie *durchsichtig* zu machen auf ihren archetypischen Symbolgehalt hin. Damit muss man anfangen.

Überall im religiösen Leben haben wir es mit Bildern zu tun, die versuchen, uns einen sinnerschließenden Wink aus dem rational nicht fassbaren Bedeutungszentrum archetypischer Qualitäten zukommen zu lassen. Bilder sprechen unser Gefühl direkt an und vermögen zugleich in einem symbolischen Überschuss Komplexes und Gegensätzliches zu verbinden. Damit sind sie Brücken zwischen Ahnungsvermögen, Gefühl und äußerer Gestalt und führen über die Sinne Seele und Geist erweiternde Impulse zu. Bild und Seele sind untrennbar. Wer Bilder verbietet oder verächtlich macht, erklärt die Seele für nichtig („Nichts-als ...") und enteignet uns unserer spontanen Wahrnehmung.

Maria, Jesus, Christus, der Engel, das apokalyptische Weib, mit der Sonne bekleidet, das göttliche Kind, der Drache, der es verschlingen will, Herodes, der den verheißenen König beseitigen will und alle Kinder umbringt, die Flügel, welche der Sonnenfrau die Flucht ermöglichen, die Wüste – alles Bilder für geahnte seelisch-geistige Wirklichkeiten, die im Wesentlichen unsichtbar und nicht in den „aufgeklärten" und katalogisierenden Griff zu kriegen sind. Immer wieder von vorn das Spiel durch alle Zeiten und durch sich verändernde kulturelle Bewusstseinslagen: Was ist historisch, was ist mythisch, wie greift das ineinander, welche Deutungen wären möglich, welche Muster erscheinen – und gehen bei der nächsten Kaleidoskopdrehung in andere über?

Die Theologen, Glaubenswächter und -vermittler haben es nicht leicht. Sie mussten halbwegs einsichtige Konstruktionen finden, in die sie die verschiedenartigen Elemente zu einem halbwegs überzeugenden Sinnganzen zusammenschmieden. „Zusammenschmieden" aber heißt im Griechischen *poiein* und mündet im schönsten Fall in *Poesie*. Poesie als Gebärmutter und Nährlösung aus der Religion und Mythos stammen. Theologie ist also – wie Mythologie auch – letztendlich Dichtkunst, und wie bei allem Gedichteten gibt es bessere und schlechtere Poesie.

Ein (Spott-)Verslein des freisinnigen Dichters Franz Grillparzer (1791-1871) fällt mir ein und stimmt mich leicht und heiter:

Die Poesie und die Theologie
Sind eben beide Phantasie,
Nur die eine erfindet ihre Gestalten,
Die andere spielt mit den vorhandenen alten.

Ob die Poesie wirklich, wie Herr Grillparzer in diesem Gedichtlein meint, ihre Gestalten so ganz vorbildlos erfindet, ist fraglich. Aber jedenfalls ist das Schmieden, ob der Intuitionen, ob der Metalle, von alters her, eine hohe Kunst, die lange Erfahrung und Einweihung in allerlei Geheimnisse braucht. Schmiede und Alchemisten wurden seit Erfindung der Schmiedekunst (als welche übrigens auch die Alchemie gern bezeichnet wurde) als die eigentlichen Schamanen, Seher und Priester angesehen. Der Mythenforscher Mircea Eliade hat darüber vor mehr als einem halben Jahrhundert (1956) ein lesenswertes Buch verfasst.

Es ist anzunehmen, dass unser Bewusstsein heute etwas anders ist als vor 2000 oder gar 3500 Jahren. Das Kaleidoskop ist seither ein paarmal gedreht worden, der Intellekt hat neuen Einfluss gewonnen. Aber gewisse seelische Bedingungen sind dieselben geblieben, denn die Seele ist ungeheuer konservativ: noch immer nährt sie sich von Imaginationen, Symbolen, Gebärden und Ritualen, die in einem rational nicht fassbaren archetypischen Kern mit wechselnden Bildern wurzeln.

Am Beispiel Maria:

Was wir „Maria" nennen, kann mit der Kirche, der Menschheit, der Schöpfung, mit dem Thron der Weisheit, der Gottesgebärerin, der Seele, mit Morgenstern, Rose, Arche, Turm, Quell oder „Mittlerin" identifiziert sein, „ist" aber weder das eine oder andere, sondern vertritt *eine archetypische Energieform,* die hinter all diesen Bildern steht: Als solche ist sie, wie andere Symbole auch, ein seelisches Strukturelement, *„das sich"* (wie C. G. Jung formuliert) *„mehr oder weniger durch diese Gleichnisse ausdrücken lässt, das aber – was für den Intellekt stets ein Ärgernis bleiben wird – unbekannt und unformulierbar bleibt"* (GW 9/I, §267).

Das aber heißt wiederum, *dass Marias Symbolbild auf jeder erreichten Kulturstufe aufs neue gedeutet und mit dem Gegenwartsbewusstsein verknüpft werden muss.* Meine Münchner Freundin fällt mir ein, die geschrieben hatte, dass Maria als *„Überzeitliche"* in jeder Zeit anders *„erfühlt/erahnt/fixiert"* wird, aber keine bloße Projektionsfigur sei (Kap. 3). Nein, keine bloße Projektionsfigur, sondern, wie jeder Archetypus, eine seelische Realität, welche eine Aufgabe stellt!

Dasselbe gilt natürlich auch für „Christus", welcher als Chiffre den „Erstling", den Heilbringer, den Erlöser oder „neuen Menschen" repräsentieren kann (in der Sprache C. G. Jungs das „Selbst" oder „Höheres Selbst", platonisch den inneren „Daimon" usw.), in seiner Symboltiefe aber damit niemals erfasst wird, und selbstverständlich gilt es für „Gott": Unsere gesamte religiöse Bilderwelt besteht aus solchen schillernden Chiffren, auch dort, wo wir meinen, nun endlich „historisch" etwas „in der Hand zu haben": Selbst dass bestimmte Personen der religiösen Akteure uns als geschichtlich halbwegs zu identifizierende Individuen erscheinen, muss letztlich als ein *symbolischer Wert* gesehen werden, dessen Neueinkleidung ebenfalls neuer Deutung bedarf.

Das ist alles höchst unbequem, aber wenn das religiöse Leben lebendig bleiben soll (oder wieder werden!), müssen wir uns der Herausforderung ständigen Hinterfragens und Neudeutens stellen. *„Geschieht dies nicht, so entsteht ein wurzelloses ... Bewusstsein, welches hilflos allen Suggestionen erliegt,"* warnt Jung. (ebd). Es bedarf also ständiger problembewusster Klärungsarbeit, von jedem Einzelnen. Denn wie anfällig ein kritikloses und damit „wurzelloses" Bewusstsein gegenüber Suggestionen ist, lässt sich an allen Arten von Massenhysterien, politischen Machtinflationen, in der Konsumwelt und vielen anderen alltäglichen Bereichen sehen. In jedem Starkult, egal ob Künstler, Sportler, Politiker, in jeder Mode, die „Kult" wird, äußert sich ein heruntergekommener religiöser Mythos.

Doch eben für das dahinterliegende, ursprüngliche, „not-wendende"
religiöse Bedürfnis und das heißt auch, das symbolische „Größere Leben",
ist der westlichen Welt weitgehend der Sinn abhanden gekommen. Und
für diese „*Vertrocknung des heiligen Sinns*" (Novalis) machte C. G. Jung
ein in Phrasen erstarrtes, „eingeschlafenes" Christentum verantwortlich,
welches viele andere Verfallserscheinungen nach sich zieht:

*Was die christlichen Völker betrifft, so ist ihr Christentum eingeschlafen
und hat es versäumt, im Laufe der Jahrhunderte seinen Mythus weiterzubauen ... Unser Mythus ist stumm geworden und gibt keine Antwort. Der
Fehler liegt nicht etwa bei ihm ... sondern einzig und allein an uns, die ihn
nicht weiter entwickelt haben.* (Jung, Jaffé, Erinnerungen S. 334)

Es gibt also Hoffnung. Das Christentum ist keineswegs am Ende.

*Damit soll keineswegs gesagt werden, dass das Christentum erledigt sei.
Ich bin im Gegenteil davon überzeugt, dass nicht das Christentum, sondern dessen bisherige Auffassung und Interpretation in Anbetracht der
heutigen Weltumstände antiquiert sind. Das christliche Symbol ist ein
lebendiges Wesen, das die Keime zu weiterer Entfaltung in sich trägt. Es
kann sich weiter entwickeln, und es liegt nur daran, ob wir uns entschließen können, über die christlichen Voraussetzungen noch einmal gründlicher nachzudenken. Dazu braucht es eine ganz andere Einstellung zum
Individuum, das heißt zum Mikrokosmos unseres Selbst, als man sie bisher hatte. Man weiß nicht, welche Zugänge dem Menschen noch offenstehen, welche inneren Erfahrungen er noch machen könnte ...*
(Jung, GW 10, § 541/ 542)

Das ist 1957 geschrieben.
Haben wir sie inzwischen gefunden, die neuen Zugänge, neuen Möglichkeiten, sind wir sensibler gegenüber Ahnungen, Intuitionen und Ein-bildungen, deren Wahrnehmungszentrum unsere Seele ist? Wagen wir das
je eigenverantwortliche Schauen, Hinterfragen und Deuten – oder kle-
ben wir an althergebrachten Doktrinen und betreiben „niederschwellige"
Betriebskosmetik?

Anders gefragt:

Sind unsere Theologien bereit, sich durch die dreifach tiefen Wälder der bestehenden Deutungen hindurch zu arbeiten zu einer neuen Lichtung? Und – noch viel wichtiger: Sind die Individuen entwickelt genug und bereit, ihre sinndeutende, ja sinnstiftende Aufgabe zu erkennen? Sich endlich damit zu beschäftigen, was *Mensch und Schöpfung* ihrem Wesen nach *sind* und sein können, anstatt einem Gott, den *„niemand je gesehen"* hat (1. Joh 4,2) die abenteuerlichsten Eigenschaften und Eigenarten anzudichten? Und wie steht es mit der dringenden neuen Berücksichtigung und Aufwertung der *Seele*, die nicht nur der unmittelbare Resonanzraum des Göttlichen ist, sondern auch *das* schöpferische, sinn-und gestaltgebende Organ, in dem die Möglichkeiten des Neuen „realisiert" werden können? (Im Englischen bedeutet *„to realize"* sowohl „wahrnehmen" als auch „konkret umsetzen, verwirklichen")? Können wir erkennen, dass alles Dasein göttliches Ereignis ist, und unsere allererste Aufgabe darin besteht, *Raum zu geben* für die Wahrnehmung und Sinndeutung dessen, was sich ereignet?

Maria „bewahrt" alles in ihrem Herzen: Griechisch steht für dieses Bewahren *„symballein"*, welches heißt: Zusammenwerfen, durch Zusammenschau den Sinn erschließen. Sie ist „Symbol" dieses schöpferischen seelischen „Raums", in dem der neue Mythos aufgenommen, in Sinn umgewandelt und „zur Welt gebracht": „jungfräulich", d. h. in neu-anfänglicher, von aller Bevormundung emanzipierter, freier Weise. Und diese Freiheit ist auch unsere Aufgabe: *„Ich muss Maria sein, und Gott aus mir gebären ..."*

Maria ist kein „Nichts als". Sie ist im Gegenteil ein großes, lebendiges christliches Symbol, das Chrisologos, Bischof von Ravenna im 5. Jh in diesen Worten gepriesen hat:

Maria ist größer als der Himmel,
fester als die Erde und weiter als das Universum.
Sie nahm in ihren Leib auf, den die Welt nicht fassen kann ...

„Weiter als das Universum", symbolisches Bild einer archetypischen Weite, eines mächtigen geistig-seelischen Hintergrunds, der unser Bewusstsein

erst hervorgebracht hat und ständig neu („jungfräulich") hervorbringt. *„Matrix aller göttlichen Erfahrung"* nannte diesen der inzwischen altersweise C. G. Jung 1958 in einem Brief an Pfarrer David Cox (GW 18/II §1586).

Matrix, Mutter des je aufsteigenden Neuen, *„weiter als der Himmel".* Symbolisches Leben gibt sich nie mit Verkürzungen zufrieden. Es braucht im Gegenteil Weite, Herzensweite, Ausweitung unseres Deutungshorizontes statt Reduktionismus.

Ich für mein Teil folge gern der Jungschen Erfahrung, das Symbol als *„lebendiges Wesen"* zu sehen, denn es gehört zu meinen allerpersönlichsten Erfahrungen. Lebendige Wesen sind *immer* komplex, und ihre Komplexität ist keineswegs ein Auswuchs, der amputiert gehört, obwohl inzwischen auch mancher „aufgeklärte" Katholik vom Amputationsvirus befallen wird. So herrlich weit haben wir es gebracht mit unserem banalisierenden Rationalismus und Reduktionismus.

Der Bischof Chrisologos jedoch war damit noch nicht infiziert. Ihm war Maria noch das, was alle christlichen Symbole ihrem Wesen nach immer bleiben werden: Die Ahnung eines archetypischen, lebendiges Zentrums, *„das Keime zukünftiger Entfaltung in sich trägt" (Jung s. o.).*

Für Chrisologos war Maria – im konkretesten Sinn – Hoffnungsträgerin, „zukunftsträchtig" für weitere Möglichkeiten des menschlichen Bewusstseins:

> *... Sie nahm in ihren Leib auf, den die Welt nicht fassen kann.*
> *Sie trug ihn auf ihren Armen, den, der die ganze Welt trägt.*
> *Sie wurde Mutter ihres Schöpfers und nährte ihn ...*

Chrisologos wusste sich in einer älteren Weisheit vom „Tempel Gottes" (1. Kor 3,16) verwurzelt, als die Evangelien, die von Maria erzählen. In einem Wissen, das auch weiter reicht, als das, was in der Bibel, der Schriftenauswahl für den Gebrauch des „normalen" Christen, verzeichnet ist. Und er wusste, dass man die Funkelsteinchen im religiösen Kaleidoskop nicht ungestraft festkleben darf oder gar reduzieren, ohne die unerschöpfliche Fähigkeit, den *„Glanz des ewigen Lichts"* (Weish 7,26) der Herrlichkeit Gottes zu spiegeln, zu zerstören. Und als Bischof wusste er auch, dass ohne kultischen, örtlich bezogenen, seelisch-geistigen Raum die Funkelsteinchen ihre Fähigkeit verlieren, stimmige Muster zu bilden. Sie fallen auseinander, verlieren den Zusammenhang: desorientierte Partikel, nichts Ganzes mehr.

Aber genau das ist unsere Situation heute, und schon 1946 hat C. G. Jung den der Welt *fehlenden seelischen Zusammenhang* beklagt.

Die Marginalisierung der Ikone der Maria im christlichen Mythos aber bedeutet genau dies: Schwächung des seelischen Zusammenhang ermöglichenden „Mutterraums" (*Matrix!*), dessen tragender, bewahrender Grund „die Welt im Innersten zusammenhält" und den Einzelnen in geistig verantwortliche Mündigkeit führt. Lebendiges Symbol für die fördernde unsichtbare Fassung einer geistigen Gemeinschaft aller, deren „heiliger Sinn" für das christliche Symbol noch nicht vertrocknet ist. Unverzichtbarer, haltender und bewahrender Raum, der vor der Zerstreuung bewahrt. Nicht umsonst wird dieses Wahren und Bewahren als Marias besonderes Charisma in den Evangelien betont.

Maria. Jedes Symbol hat einen vorreflexiven, unmittelbaren, existenziellen Wurzelgrund. Keine neue Erfahrung geschieht ohne Voraussetzung. Das gilt auch für religiöse Erfahrung und für das neue Bewusstsein. Darum noch einmal ein winziger kaleidoskopischer Perspektivwechsel (davon lebt das Symbol ...).

Unser christliches Bild für die Konzentration des neuen Bewusstsein ist „Christus".

Der geniale Theologe, Philosoph und Dichter Friedrich Daniel Schleiermacher (1768-1834) hat die Religion als das *„erhabenste Kunstwerk"* bezeichnet (Reden, S. 19). Als dichterisch-religiöses Kunstwerk hat der christliche Mythos das Bild der Maria für die *seelische Voraussetzung*, die inspirierte Erkenntnisfähigkeit, die nötig ist, dieses neue Bewusstsein („Christus"), der vollständigen Individuation des Menschen „zur Welt zu bringen".

Also noch einmal: Ohne Maria kein Christus. Sie ist der „Schoß", ohne den das neue Bewusstsein als göttliches Ereignis sich nicht hätte inkarnieren können:

Damit er nicht durch seine Größe
die Schauenden verwirre,
fasste er sich selber zusammen,
aus dem All ins Land der Hebräer,
und aus diesem ganzen Land nach Judäa,
und von dort nach Bethlehem,
bis er nur den kleinen Schoß (Marias) füllte.
Und wie das Senfkorn in unserem Garten geworden ist,
und der kleine Strahl für unser Auge,
ging er auf, breitete sich aus
und erfüllte die Welt.

(Ephräm der Syrer, gest 323, zit. n. Herder/Maria, S. 61/62)

12. Im Tal des Vergessens

Mir ist klar: Trotz aller meiner suggestiven Wiederholungen wäre es illusorisch zu meinen, mit der teilweisen Erhellung dieses Stück Wegs durch den Dschungel der „dreifach tiefen Wälder" sei schon die Lichtung erreicht. Auch das Tal des Vergessens ist noch bewaldet, überwuchert darin, was dem Bewusstsein verloren gegangen ist, weil es nicht mehr gepflegt wurde.

Haben die eifrigen „Aufklärer" die Marienfrömmigkeit vergessen – und nicht bemerkt, dass dieses Vergessen gleichbedeutend ist mit Vernächlässigung einer lange gewachsenen Kultur – um nicht gar sagen: einer Art religiöser Ver*wahr*losung? Etwas wird nicht mehr sorgsam verwahrt, ohne dessen Kultur ein ganzheitliches, im wahren Sinn „christliches" Bewusstsein nicht reifen, sich nicht entfalten, nicht aufblühen kann. Manche haben sogar vergessen, was „heilig" ist. Ein calvinistischer Holländer, der uns bei einer Führung durch die hiesigen Waldensersiedlungen in einer Kirche seine Einstellung erläuterte, gab ein mich erschreckendes Beispiel für mangelnden „heiligen Sinn", als er mit großer Geste seine Jacke auf den Altar schmiss um damit stolz die „Aufgeklärtheit" seiner Gemeinschaft zu beweisen..

Doch auch gemäßigt Evangelische tun sich etwas darauf zugute, dass ihre Kirchen Allzweckräume sind, in denen man sich auch durch den Chorraum unbefangen und laut bewegen kann – ja sogar, wie jüngst in meiner Heimatstadt geschehen, sie zu Luxusdinners im „stilvollen" Rahmen an Eventgesellschaften zu verhökern. Aber wo nichts an die vom profanen Nutzwert unterschiedene Präsenz eines unverfügbaren Höheren erinnert, kann man nach kommerzieller Verwertbarkeit verfügen. Das hat mittlerweile Dimensionen angenommen, gegen welche die Hausfrauenschläue einer meiner Pfarrfrauentanten (die ich im übrigen sehr mochte), eine harmlose, geradezu von marianischem Mutterwitz getragene Qualität annimmt: Sie hatte einmal in der Adventszeit in aller Stille Oblaten aus dem Pfarrbüro zum Backen stibitzt, als die Gutslesoblaten aus waren. Man lachte damals herzlich darüber, aber obwohl ich damals „Existenzialistin" war, fühlte ich mich dabei unwohl.

Denn Frömmigkeit lebt nicht vom sonntäglichen Blick zum Himmel mit gefalteten Händen. Sie muss gleichermaßen im symbolischen Leben des „Unteren" wie im „Oberen" *gegründet* sein. Sie braucht eine sinnbe-

reite, sinnstiftende, „marianische" innere Haltung: Ihr entspricht das sorg-
fältige Bewahren und Pflegen kultischer Räume, das der Wandlung von
Alltagszeit in Gotteszeit dient und umgekehrt. Heiligung aller Zeit und
von allem, was als „gezeitigt" daraus in Erscheinung tritt, sichtbar oder
unsichtbar. Sie braucht den Weg aus dem Tal des Vergessens, der Seinsvergessenheit. Erinnerung an das Geheimnis der „ander Welt", Schritt
für Schritt erlebt und durchgehalten wie der lange Weg einer Schwangerschaft, die am Ende das Neue, so noch nie Erlebte und Erfahrene ans Licht
und zur Welt bringt – wie Maria.

Ich wundre mich immer weniger, was meiner Patentante gefehlt hat. Maria:
Ein ruhender, unvernutzter Raum im Hintergrund, der in der alltäglichen
Trivialität Inseln des symbolischen Lebens schaffen und das mühsamste
Durchhalten mit „guter Hoffnung" und Sinn aufladen kann. Eine Kraft,
die ihr Ziel in sich selbst trägt, und nicht unentwegt zu Überschreitungen
drängt wie das als „Fort-schritt" und Aktionismus säkular heruntergekom-
mene Drängen nach einem Größer-weiter-höher und „Events".

Maria: Schwach haben sich auch Nichtkatholiken eine Ahnung bewahrt.
Wenigstens als tüchtige graue, ihre „Niedrigkeit" preisende Maus ist sie
gelitten. Und als Propagandafigur für den rechten, unterwürfigen Glauben.
    Was dabei vergessen wurde, ist das Paradox, dass Maria gerade durch
ihre „Niedrigkeit" auf gleicher Stufe steht wie ihr Sohn, und dass sie
damit gleichermaßen Trägerin eines universalen, mythisch unverzichtbaren, überzeitlichen Wertes von geradezu kosmischer „Herrlichkeit" (gr.
doxa) ist! Und vergessen wurde auch, dass Maria als Symbolgestalt einen
mythisch sowohl im „Oberen" wie im „Unteren" gegründeten Weltbe-
zug repräsentiert, ohne den keine Christusgeburt und keine *unio mystica*
möglich ist, denn *sie ist nicht nur der irdisch-materielle, sondern auch der
geistig-seelische Leib,* ohne den kein „Christus in uns" Wirklichkeit werden kann. *Sie ist der Raum,* der gewahrt sein muss, wenn aus der Feier des
Lebens in der Fülle seiner Symbolik der Geistfunke Ereignis werden soll.
„Bei ihr ist die Quelle des Leben …", schrieb Bischof Theodor von Ankyra
(gest 446) in einer Predigt. (Schreiner, 51)

Maria: Sie ist auch die Nährmutter unserer Sinnbereitschaft und unseres praktischen Vermögens, in Übereinstimmung mit unserem innersten Wesensziel, den Christus-oder Selbst-Sinn wachsen zu lassen. Sie ist es, welche die Sinne anspricht, den „poetischen Sinn", das Gefühl. Sie ist die Ikone, welche diese und unzählige symbolische Namen (und das heißt: Geheimnisse) durch die Jahrhunderte trägt, sie in den Tiefen der Seele in Resonanz bringt und focussiert und auf diese Weise zum unerschöpflichen Gefäß aller seelischen und geistigen Entwicklung wird und unsere Haltung zur Materie prägt: Haben wir vergessen, dass *Materie,* lat. *mater* unsere leibliche *Mutter,* die *Matrix* auch der Dinge der Welt ist? Und kann man Maria als altehrwürdiges „Gefäß" (*vas honorabile),* das Substanz und Form hat und eine Tradition, die in unvordenkliche Zeiten zurückreicht, in seiner Bedeutung ignorieren, vergessen, *überspringen?* Kann man die symbolträchtigen Bilder ersetzen durch Worte, rationale, intellektuelle Begriffe? Was sind das für entfärbte Schatten, „Gnade", „Glaube", „Liebe", und andere virtuos gebrauchten Formeln, die undurchdringliche Wälder von entwirklichten, entleiblichten, entsinnlichten Forderungen züchten? Wie sollen sie reifen zu einer leib-seelischen Christgeburt?

Mit solchem heroischem salto mortale in die körperlose Begrifflichkeit wird nicht nur die mystische Tatsache der unauflöslichen Verbundenheit Marias mit dem Erwachen des Christusbewusstseins *übersprungen,* sondern auch der Pilger auf dem Wege dorthin eines quasi „von Natur" gegebenen lebensweltlichen und seelischen Geborgenheitsraumes des langsamen, mütterlich begleiteten Werdendürfens beraubt. So-Sein dürfen. Maria verlangt kein „Besserwerden" und sie urteilt nicht. Im Gegenteil: Sie ist stets auf der Seite der allzumenschlichen Schwächen, von denen manche volksfromme Mirakelgeschichten erzählen. Zum Beispiel diese:

Einer Ehefrau, die einer Verführung erlegen war, aber immer fleißig zu Maria gebetet hatte, ersparte Maria die Endeckung, indem sie sich in dieser Nacht neben den Ehemann ins Bett legte (Imbach S. 26). Sie tat das mit derselben Selbstverständlichkeit, wie sie einst das Nönnlein im Kindbett im Offizium vertreten hatte. Welcher Tabubruch, welche Kühnheit! Nicht herrschende Moralprinzipien sind Marias Maßstab, sondern die situative, mütterliche Einfühlung auch in die allzumenschlichen Schwächen.

„*Mater divinae gratia* – Mutter der göttlichen Barmherzigkeit" (Lauretanische Litanei). Wenn wir ohne dieses lebens-und phantasievolle, gewäh-
rende Mutterbild auskommen müssen, stehen wir lebenslang angestrengt
auf Zehenspitzen in der Bemühung um „Rechtfertigung" (für die man
aber nichts recht machen kann). Kein Wunder, wenn sich dabei unter-
schwellig eine enorme Gepanntheit anstaut. Denn es geht nun nicht mehr
darum, den lebensweltlichen Verstrickungen, so wie sie eben sind posi-
tiven Sinn zuzutrauen, sondern um einen heroischen Glaubensentschluss,
eine Hochleistung, um darüber hinaus, direkt ins göttliche Geheimnis
hineinzuspringen.

O Maria hilf. Ohne sie sind wir arme Teufel. Sündenwürmer, die ihre
Verzweiflung adelt!

Meine Patentante verschmähte solchen Verzweiflungsadel und wurde
katholisch. Mit Maria als Taufpatin und als *Hodigetria* (die den Weg weist)
durfte sie endlich zur inneren Ruhe kommen. Sich niederlassen in einem
lebenswarmen Raum der Geborgenheit und Hoffnung. Und für die Hoffnung gilt immer und überall: Was nicht ist, kann noch werden. Alles ist
möglich. Alles hat Sinn.

Maria drängt nicht, im weiträumigen mütterlichen Gefäß der Seele
und der göttlichen Weisheit gibt es keine Zeit. Spiel-Raum. Sie selbst ist ja
die Repräsentantin dieses Spiel-Raums, aus dem die Bilder von Welt und
Leben aufsteigen. In dem Imaginationen immer neu geordnet werden, in
jeder Sekunde, wann immer das Kaleidoskop bewegt wird: ein minima-
les Moment kann das Lebensmuster, das wir sehen, kann unsere konkrete
Lebenssituation völlig ändern. Aber einstweilen dürfen wir einfach *sein*
in diesem Geheimnis auch des hiesig unmittelbar Erfahr-und Spürbaren.
Räume entstehen lassen, Zeit-Räume, Zwischen-Räume, Imaginations-
räume, Wachstumsräume. Kein verquältes Bemühen, als „neuer Mensch"
irgendwo ankommen zu müssen. Wir *sind* immer schon angekommen ...

Immer und immer wieder: Es ist *ein bewusstes Kultivieren dieser mütterlichen Räume,* zu welchem Maria das Charisma verleiht. Kultus, kultivieren kommen aus dem Lateinischen: *colere. Colere* bezeichnet das, was der
Bauer tut, wenn er seine Felder bestellt und bebaut. Es bezeichnet, was die

Frommen tun, wenn sie ihre Heiligtümer, ihr Allerheiligstes darin verehren und pflegen. Und es bezeichnet das Wohnen der weltlich Gesinnten genauso wie das Wohnen der verehrten göttlichen Kräfte in ihren Tempeln. Leben muss in all seinen Bezügen gepflegt und kultiviert werden, auch den symbolischen, und es braucht Zeit, Raum und Bewusstsein für den Sinn von Kult und Kultur.

Darum kennen alle Religionen Rituale und Liturgien. Manche sind besonders prächtig, sinnenfreudig und reich, andere eher dürftig. Zu den letzteren gehört der Protestantismus. Kein Wunder: Er ist ja aus dem Protest gegen das Üppige entstanden, gegen die *venustas sensitiva,* die venusische Sinnenfreude. Außer in der Musik traut der Protestant dieser nicht mehr so recht, wittert darin die listige Schlange, die schon die vorchristlichen weiblichen Gottheiten zu Verführerinnen machte, orgiastischen womöglich. Astarte, Ishtar, Aphrodite, Kypris, Venus natürlich (*venustas!),* Isis, die Göttin mit den tausend Namen, tausend Bildern (!). Knüpft die Marienverehrung nicht viel zu sehr an diese heidnischen Schönheiten an? Besser, Maria als „nichts als" historisch verbürgte, einfache, Nazarenerin sehen, die eine gottgewollte Pflicht erfüllte. Nichts als eine Zimmermannsfrau. Nach Nazaret kann man mit einer Reisegruppe hinfahren und sich vorstellen, wie die Schreinersfamilie da gelebt hat, einst vor über 2000 Jahren. Das sind verlässliche Fakten. Alles andere so verdächtig wie die sogenannten „Gnadenbilder" mit ihren Wundergeschichten, etwa von Marienerscheinungen in der Natur, Heilungs-und Gnadenerweisen, die doch allein Christus zustehen.

Und doch: Gnade, gr. *charis,* lat. *gratia* ist und bleibt weiblich und sinnlich – wie die Chariten, die Grazien, Tänzerinnen im Gefolge der Liebesgöttinnen Aphrodite und Venus, die in Heiligen Hainen die den nach heilender Schönheit und Milde Dürstenden trost-und freudenreiche Winke und Seelenbalsam aus der „ander Welt" zukommen ließen. „*Brunn, Baum, Garten*" des Angelus Silesius – wo sind sie hin? Verschwunden im Tal des Vergessens?

Teil III

13. Maria – Natur, Erde, Materie

Wiedererinnerung tut not, Wiedererinnern auch der Numinosität der Natur. Durch die Christusreligion ist die Nähe zu ihr weitgehend verloren gegangen. Dabei war sie den Griechen noch *„das erste große Heilige"* (Schadewaldt, S. 204 ff), das immer lebendig verwandelnde Wesen, das werden und wachsen lässt.

Gottseidank hat die christliche Volksfrömmigkeit die Verbindung dazu nie aufgegeben, wie die großen und kleinen Marienkapellen mitten in der Natur beweisen.

Hoch über die duftenden Bergweiden des Puy-de-Dôme zum Beispiel erreicht man eine winzige, unscheinbare Kapelle, in der den Sommer über die Schwarze Jungfrau von Vassivière über das Wohl der Natur, des dort weidenden Viehs und der zu ihr wallfahrenden Pilger wacht und immer noch heilende Wunder tut.

Ihre Geschichte ist eine Variation in einem Legendenkaleidoskop, die man so oder ein wenig anders facettiert von unzähligen Madonnen und ihren Kapellchen an abgelegenen, oft besonders ausgezeichneten natürlichen Orten erzählt:

Irgendjemand, oft ein Hirte mit seiner Herde, ist unterwegs in einsamer Landschaft, weit ab vom Betrieb der Städtchen und Dörfer. Plötzlich bleibt eines seiner Tiere, stehen – an einem Strauch wilder Rosen, einer Mulde, einer Felskluft voller Gestrüpp – und ist nicht zum Weitergehen zu bewegen. Der Hirte schaut nach, und entdeckt schließlich, vielleicht halb in der Erde verborgen, die Statuette einer Marienfigur. Diese beginnt alsbald auch zu sprechen oder beweist ihre Wundertätigkeit, bittet wohl auch darum, ihr hier eine Kapelle zu errichten, und der so Beglückte eilt zu Tal, um von seinem erstaunlichen Erlebnis zu erzählen.

Unverzüglich beginnt nun ein frommes Wallfahren zu dem geheimnisvollen Ort, an dem womöglich sogar noch eine Heilquelle entsprungen ist. Die Madonna bewirkt Wunder um Wunder, und die kirchlichen Würdenträger stehen in leeren Kirchen und beginnen unruhig zu werden.

Man beschließt, dem Spuk ein Ende zu bereiten und die wundertätige Unbekannte in der Gemeindekirche in geordnete Verhältnisse zu bringen, holt sie mit Pomp und Prozession und exorzistisch angereicherter Messe vom nicht geheuren Fundort ins Tal. So hofft man, sie und die enthusiasmierte Menge unter Kontrolle gebracht zu haben: Man kann aufatmen.

Doch was geschieht: Am nächsten Morgen ist die Madonna wieder verschwunden – ungeachtet der verschlossenen Kirchenpforte dorthin zurückgekehrt, wo sie gefunden wurde. Und lässt ausrichten, sie bestehe darauf, dort zu bleiben. Besteht auf einer Kapelle, hier, mitten in unwegsamer, wilder Natur ...

Es gibt eine Machtprobe: Immer wieder versucht die Klerisei, sie zu entzaubern und in ihre Kirche zu sperren, bewacht sie, legt sie gar in Ketten – es nützt nichts, Maria ist stärker, die Gläubigen murren, und schließlich bleibt nichts übrig, als ihren Willen zu erfüllen: Eine Kapelle wird erstellt, Wunder geschehen, die Quelle sprudelt: Die Mutter bleibt auf's engste mit der Natur verbunden und spendet Segen, die Kirche söhnt sich schließlich damit aus.

Bisweilen entstehen sogar Kompromisse, nicht nur in Vassivière: Die sommerliche Weidezeit verbringt Maria hoch oben in der Natur. Mit dem Almabtrieb lässt sie sich willig ins Tal tragen – um zum Sommer wieder in großer Prozession hinaufzuziehen, zusammen mit den Tieren, hinauf, in die stille Natur.

Während vor meinen inneren Sinnen die Stille, Duft und Schönheit der französischen Berglandschaft vorbeiziehen, mischen sich andere Bilder mit hinein, Imaginationen:

Ein gewundener Pfad, irgendwo, bergan durch schattiges Gehölz. Unversehens von der Kuppe her Helligkeit – man tritt ins Freie auf ein lichtes Wiesenrund, in dessen Mitte ein unscheinbares Kapellchen steht, wie von Urzeiten her. Die Zeit versinkt in eine Stille, in der man sich wünscht, sie möchte nie durch ein entheiligendes Geräusch gestört werden. Stillhalten und fragloses Lauschen, Hinspüren, wie Inneres und Äußeres in ein plastisch-lebendiges Ganzes sich runden.

Ich trete ein durch die niedere, dunkle Türöffnung, von wo mir nun der unverwechselbare Geruch einer belebten Kapelle entgegenkommt: schwer von Kerzenduft und Weihrauch, ein wenig dumpf und doch altehrwürdig, vertraut, warme Hülle. Die Augen gewöhnen sich an die Dunkelheit, nehmen ein paar Gebetbänke rechts und links wahr, vorne den kleinen Altar mit zwei schönen Sommersträußen (jemand muss sie frisch gebracht haben), dahinter ein wenig erhöht, eine schlichte Madonna mit Kind, blauer Mantel, schwach rötliches Kleid, frommes Werk eines hiesigen Bildschnitzers vielleicht, mit freundlich zugewandtem Ausdruck: Eine Gnadenmutter, die Unmittelbarkeit und Nähe verströmt und sich ohne Umstände eines jeden kleinen und großen Anliegens annimmt, das vor sie gebracht wird. Noch leuchtet kein Licht auf dem seitlich stehenden Eisengestell, aber es liegen Streichhölzer bereit, und ich werfe eine Münze in den leeren Kasten und zünde eine Kerze an, versammle meine Lieben und mich selber: *„Gegrüßet seist du, Maria ... Ora pro nobis, jetzt und in der Stunde unseres Todes"* – altes, hilfreiches Gebet, das von aller Anstrengung befreit, eigene Worte finden zu müssen.

Ich setze mich in die vorderste Bank, knapp vor der Madonna, alles dicht beieinander, das sonst so Ferne ganz nah.

Mein Blick schweift zwischen Madonna und Sommersträußen. Außer den der Jahreszeit gemäßen Dahlien, Astern, Gladiolen ist in jedem eine weiße Lilie, deren Duft sich mit dem süßlich modrigen Kirchengeruch mischt. Etwas sinkt in mir hinunter in der umgebenden Dämmrigkeit, nur durch zwei kleine Fenster im Chor erhellt, von denen Licht auf Marienfigur und Altar fällt. Das Unnennbare in mir sinkt weiter und weiter hinunter, in einen stillen, inneren Raum.

Hier möchte ich bleiben und sein dürfen, nichts müssen, nichts leisten, bleiben in dieser Intimität, in der keine Forderung, kein „du sollst" oder „sollst nicht" im Raum steht, keine Be-Urteilung, keine Ver-Urteilung, kein „Ego-Loslassen", um irgendwo befreit hinzukommen, keine „höhere Bewusstseinsstufe" erklimmen, auf kein „Christus in euch" hinstreben – es ist ja alles schon da.

Es ist da, ohne dass irgend ein Erleuchtungsblitz nötig gewesen wäre, nur dieses Einsinken in diesen Duft, zugleich im Hintergrund eine hellwache, herzweitende Klarheit und Stille: Da sein, sachte hineingezogen in einen Himmelsfrieden, der sich unmittelbar irdisch gegenwärtig anfühlt. Angekommen in einem Geheimnis der Gelöstheit, das dennoch einen leisen, ziehenden Schmerz durchscheinen lässt: Das Verweilen darin wird sich nicht endlos ausdehnen lassen.

Lächelst du etwa, Maria? – mir ist eher zum Weinen, wenn ich daran denke, wie wenig dies alles Raum in der Welt hat.

„Weine", sagt sie, „du bist hier nicht die erste. Auch Schmerz und Dunkelheit gehören zu Natur und Welt. Und alles Natürliche, Irdische, hell oder dunkel, bitter oder süß, steht unter meinem Schutz. Weine, wenn dir danach ist."

Ich lausche, zu überrascht, um zu weinen.

„Ja, du hörst mich – Stimme der Offenbarung des Unendlichen in Erde, Materie, Natur. Stimme, Seele und mütterliches Wesen, welches Bitteres in Süßigkeit wandeln kann".

„*Weltseele, Anima mundi, Schmuck der Welt, Sophia, Weisheit,* die den Menschen liebt" – im Lauschen steigen Bilder in mir auf.

„Nenn es, wie du willst: Licht und Seele alles Lebendigen, Form und Gestalt und Tanz in tausend Bildern, das verbindende Muster in allem. Und bis ins Kleinste, alltäglichste Irdische, sein heimlicher Glanz, Hüterin des Heiligen, heiliger Sinn."

Oh Maria, komm mir zu Hilfe, eile mir zu helfen. Herzensgebet.

Ich sinke tiefer. In eine Dunkelheit, die doch wie von innen erhellt ist: *lumen naturae, lumen gratiae, „ Licht vom unerschaffenen Lichte",* Licht der Natur und der Gnade in einem, welches einen allen Schmerz lösenden Glanz und einen unbeschreiblichen Geschmack von Süßigkeit und Wärme in sich trägt.

14. „Du kannst den Himmel nicht erreichen, wenn du die Erde verrätst."

Angelus Silesius, der dies erkannte, konnte in einem Protestantismus, der das himmlische Gnadenlicht abtrennte vom Licht in der Natur und ihm alles Heilswirken absprach, nichts Erleuchtendes finden. Er wurde katholisch, wie meine Patentante.

Maria-Sophia, Mutter, Mutter des Bewusstseins, Mutter Natur, göttliche Physis, Leibhaftigkeit, Himmel über mir, Boden unter den Füßen. Fürwahr, auch Protestanten pilgern inzwischen fleißig in festen Schuhen durch die Landschaft zu Wallfahrtsorten, pflücken Kräutersträuße, werken im Garten, kochen Marmelade zum Verkauf für einen guten Zweck, servieren gar Brot in Brocken zum Abendmahl. Ist das alles nicht viel handfester, lebensnäher (oder „niederschwelliger"), schnörkelloser als diese Gottesdienste mit ihren bestickten Gewändern, Wandlungszauber, Weihrauch, Glöckchenklingeln und womöglich Madonnenschmachten? Gar einer zum Himmel aufgefahrenen Maria? Und hat nicht der Mönch Luther die heiligmäßige „Möncherei" abgeschafft zugunsten eines tätigen Wirkens im Leibe (den er einen „Madensack" nannte ...)?

Geht es nicht zuerst ums Arbeiten und „Wuchern" mit unseren Pfunden (Lk 13ff), das Gegebene mehren, keine Plackerei scheuen, keine Aus- und Abschweifung gönnen, um praktizierte Nächstenliebe im Ehrenamt ohn Rast und Ruh?

Gewiss.

Es gibt eine nüchterne, pragmatische „Schwarzbrot-Spiritualität", wie sie der vom Benediktiner zum Protestanten gewordene Fulbert Steffensky genannt hat. Sie kann sogar eine eigene Ästhetik haben. Aber zuweilen ist sie grundiert von einem Reduktionismus, in dem man die Knochen klappern hört. Sinnliche Begeisterung und Überschwang für das Leben, den heiligen Überschuss, Feier des Lebens in der Zusammenschau von Natur- und Gnadenlicht, kindlich-jubelnde, tanzende Lebensfreude weckte sie in meiner Kindheit selten, auch wenn etwas davon war sogar in den Pfarrhäusern vorhanden war (die ich dank meiner Herkunft von innen kenne), besonders, wenn musiziert wurde. Die Musik rettete einen hinaus über das irdische Jammertal. In ihr erhaschte man einen Blick auf den Glanz und

Tanz, der einem sonst hinieden versagt war, weil man unter Sündenlast und Kreuz im Staube einer entgötterten Erde kroch.

Zu fragen wäre: Wer *hat* sie denn so entgöttert, entwürdigt, verteufelt (Satan als „Fürst dieser Welt"etc.) zur Vernutzung und Ausbeutung freigegeben? Nun, dieser Verrat hat eine lange Geschichte, und viele Theologen sind im Laufe der Zeit blind geworden für das Geheimnis der schöpferisch-anfänglichen Verbundenheit von Gott, Mensch und Welt. Sie haben sogar die Kluft noch weiter aufgerissen, indem sie jedes zaghaft-ahnungsvolle Vernehmen eines Hauchs des Göttlichen in Erde, Natur, den Dingen flugs unter Verdacht des „Pantheismus" stellen.

Es ist ihnen gelungen, die Kluft noch weiter aufzureißen, indem sie Maria, die irdisch verwurzelte „Gottesgebärerin", zur kaum zu berücksichtigenden Durchgangsstation des „Eigentlichen", erklärt haben. Zum *mancipium*, Gesinde mit Werkzeugcharakter, ohne horizonterweiternden, heilsbedeutsamen Symbolwert.

Die Würden göttlich-weisheitlicher Gnade und Barmherzigkeit kommen allein dem, den sie gebären wird zu, Jesus. Maria selbst verlässt, bis auf einige unbedeutende Auftritte, die Bühne des Kirchenjahrs und kann darum fallengelassen werden.

Genau wie auch die Erde fallengelassen wurde und wird. Kein heiliges Sein im Seienden. Was zählt, ist einzig der Sprung in die Vorstellung eines Höheren und das dazu nötige „du sollst". Es zählt das *Ideal* und das Streben danach. Und strenge moralische Kriterien und klare Vor-Urteile.

Maria, hast du etwa gelacht? Oder war es eher ein Seufzen? Das Seufzen im Namen der „Kreatur" (Röm 8,19) über die Entwertung des spontanen Seindürfens, der Würde von Erde, Mensch, Natur, mit all ihren Dürftigkeiten, Halbheiten, Fehlentwicklungen?

Hast du geseufzt über die hanebüchen patriarchale Ausrichtung institutionalisierter theologischer Programme und Vorstellungen, die alles in ihr Prokrustesbett pressen wollen? Der Riese Prokrustes, der allen Wanderern die Glieder ausrenkte oder abhackte, bis sie in sein berüchtigtes Bett passten? So weit kommt's mit uns, mit all diesen Vorstellungen, wie wir sein „müssten", uns „bessern" müssten, uns aus unserem Sündenwurmdasein emporarbeiten zu dereinstiger „Erlösung".

Ach Maria, wir bräuchten viel eher Erlösung von solch jenseitig-rigiden Programmen, die aus jeder Pore Kreuz und Tod und vaterarchetypischen sauren Schweiß schwitzen, immer im Geist hinaus über das Leiblich-Diesseitige, programmiert auf unterwürfiges Hochdienen zur Himmelstür. Bräuchten Erlösung von der Knechtung unserer irdischen Glieder, die doch viel lieber das Leben tanzen wollten: Singend und tanzend sehe ich dich übers Gebirg zu Elisabeth eilen nach dem Engelbesuch: ein Bild, das bestimmt auch der lebenslustigen und bisweilen sprühend boshaften Bettine von Arnim (1785-1859) gefallen hätte, die nichts hielt von all den kleinlichen, moralinsauren Besserungszwecken. Hörst du ihre Stimme, wie sie immer noch klingt?

Wo aber die Sündenregister wie eine elende Hühnerleiter an die Himmelspforte angelehnt sind, da mag ich keinen Versuch machen, mich zu bilden, mich zu bessern, soll ich da von Stufe zu Stufe hüpfen wie ein Hühnchen, damit es auf die Stange zu sitzen komme neben den Hahn – Nein!"
Kozljanic, Lebensdenkerinnnen, S. 68/69

Lache ruhig, Maria – auch dich hat man versucht, zum Hühnchen zu machen, Maria, für das es eine Ehre ist, einst neben den Hahn zu sitzen zu kommen – bei den Protestanten nicht einmal dies. Da bleibt Maria schön unten sitzen und sorgt fürs Eierlegen und die Küken, eine Untertanin, die allenfalls aufs Mutterkreuz hoffen darf ... Verhängnisvoller Doppelsinn des Worts! Nein, ich will diesen Faden nicht weiterspinnen, auch wenn mir gleich all die alten grausamen Väter einfallen, die ihre Kinder gefressen haben, Kronos, Saturn. Nur weiblicher Witz und List hat denen wieder ins Leben verholfen ...
Merkwürdig, dass mir das hier, in deiner Kapelle, einfällt.
Ist es *dein* tänzerischer weiblicher Witz, *deine* allzuoft verborgene List, gewachsen aus erdverwurzeltem Saft, was wir wieder brauchen, um die Erde aus der phantasielosen Knechtschaft durch die Monokulturen zu erlösen? Aus der Knechtschaft des Lebens als eines Mittels zum Zweck? Ist es vielleicht nicht *ganz* gelungen, dich, Maria, herabzuwürdigen durch allein „christologisches" Existenzrecht? Nur ein Sprungbrett zu sein, so wie

die Erde als Sprungbrett zu „Höherem" dient – oder zur Aus-und Vernutzung des Lebens ohne Rücksicht auf Verluste?

Und jetzt fällt mir auch noch Max Weber ein, der schon vor hundert Jahren in seiner scharfsichtigen Analyse des Geistes des Kapitalismus
aus der Ethik des Protestantismus (1904/05) den Puritanern das Talent
bescheinigt, sich selbst, Kreatur, Natur, Welt allein („solus" ...) danach zu
beurteilen, was damit – für „später" – zu erwirtschaften ist. Aber dieses
Talent war nicht ganz so neu ...

Verzeih, Maria, was soll ein solches Lamento in diesem stillen, wohltu-
enden, Vergebung atmenden Imaginationsraum voller schlichter Schönheit,
Sanftheit und Milde. Ich habe in meinen Büchern oft genug geschrieben,
dass du mancherorts schwarz geworden bist vor Kummer über das innere
und äußere Elend der Menschheit. Habe die Mythen von der Erniedrigung
der göttlichen Weisheit erzählt, der Sophia, die immer wieder versuchte, die
Menschen aus dem Vergessen ihres Wurzelgrunds zu rufen, die sich inkarniert hat, in dir, in deinem Sohn als wegleitende Zeichen.

Wie also weiter? Ich kann nur für mich reden, Maria, tun, was ich am
liebsten tue: Räume der Stille in sich aufbauen, Räume zum Schauen und
Lauschen, die Wahrnehmung schärfen um des Wunders des Geistes in
der Materie inne zu werden. Den Herzraum für die innere, sophianische
Sensibilität wachhalten, um Materie, Schöpfung, Natur, Kreatur und alle
Dinge – ja auch die Dinge! – zu sehen, als das was sie sind: Träger des
Geistes: Materie, Physis als geistvolle Matrix unserer Erscheinungswelt:

Die Grundlage unserer Welt sei nicht „materiell", sondern „geistig",
hat der Physiker Hans-Peter Dürr in seine Vorträgen und Büchern unermüdlich wiederholt (Dürr, 2011, S. 106). Was wir für „fest" halten, ist
nicht fest, sondern ein Tanz von Impulsen. Ein pulsierendes Spiel zwischen Imagination und Form, wie meine Phantasie hier, für die Maria
Raum geschaffen hat, einen wunderbaren Imaginationsraum zur Begegnung im Geheimnis.

Dank für dies Wunder, Maria.

Und – wer weiß – vielleicht vollbringt irgendwann sogar die Wissenschaft das Wunder, auch den schmallippigsten Agnostikern durchsichtig
zu machen, was unsere Welt ist: Ein geheimnisvoller Tanz des Geistes mit
dem, was wir Materie nennen.

Abb. 7: „Immaculata" von Franz Anton Kuen, (gest. 1742), Pfarrkirche St. Petrus, Wangen-Deuchelried/
Allgäu. Die tänzerisch vom Hauch des Geistes bewegte Figur der „Jungfrau ohne Makel" ist traditionell
mit den Attributen der „Frau, mit der Sonne bekleidet, auf einer Mondsichel stehend und einem Kranz von
12 Sternen um ihr Haupt" (Off 12,1) dargestellt, als schwangere „Hoffnungsträgerin", die den Erlöser der
Zukunft gebären wird. Sie steht auf dem Drachen/der Schlange, die dem Kind nach dem Leben trachten.
Kirchlich-offiziell wird das ausgelegt als Vernichtung des Bösen (Drache/Schlange), kann psychologisch
und eschatologisch jedoch auch gesehen werden als eine Integration des „Unteren": Die Jungfrau, frei
von der bestehenden Denk-und Stammesordnung, inspiriert allein vom göttlichen Geist des immemeuen
Anfangs, „fußt" auf Schlange und Erde in der Erkenntnis der Komplementarität der Gegensätze des
„Oberen" und „Unteren", von Licht und Schatten in der Welt der Erscheinungen. Damit symbolisiert sie
zugleich die „Wiederherstellung des Ganzen (Apg 3,21).

15. Maria tanzt

Wo bin ich? Was geschieht? Wer versetzte mein Imaginations-Kaleidoskop in Bewegung, lässt ein neues Muster erscheinen? Wer hat mir vor ein paar Tagen das Buch mit Bettina von Arnims Lebenstanzlust in den Briefkasten gespielt, welcher Zu-Fall, Ein-fall lässt mich jetzt aus meiner unübersichtlichen Sammlung von Marienbildern mit einem Griff eine meiner Lieblingsdarstellungen herausziehen als Zeichen, in welche Richtung es weitergehen soll?

Maria tanzt! (Abb. 7)

Wie die göttliche Weisheit in Spr 8,31 tanzt sie die Sinnbereitschaft und die Begeisterung für das Werdenkönnen, den Schöpfungstanz des „Hauchs Gottes", der spielenden göttlichen Sophia. Sie, die inkarnierte *„Ursache unserer Freude"* (Lauretanische Litanei), die den Menschen liebt (Weish 1,6) und ihre Lust hat an den Menschen (Spr 8,31), tanzt den kosmischen Tanz der Freude, den Tanz der Weltseele, Tanz der Menschenseele, welche die ihr innewohnende Musik des Geistes vernimmt, wie Bettina von Arnim, die immer wieder auch aus der Reihe tanzte, denn

> *... meine Seele ist eine leidenschaftliche Tänzerin, sie springt herum nach einer inneren Tanzmusik, die nur ich höre, die anderen nicht. Alle schreien, ich soll ruhig werden, und Du auch, aber vor Tanzlust hört meine Seele nicht auf Euch, und wenn der Tanz aus wär, dann wär's aus mit mir."*
>
> Kozljanic, Lebensdenkerinnen, S. 61

Ja, wenn unsere Seele aufhört nach ihrer inneren Musik zu tanzen, ist es aus mit uns: *„Wenn aber die Seele nicht mehr mitspielt, so erstarrt das religiöse Leben in Äußerlichkeit und Formelkram"* (Jung, GW 13 §11), das religiöse Leben, das unbewusst unser tiefster Lebensantrieb ist. Und ist nicht alles, was wir tun und gestalten ein Tanz? Er macht uns lebendig, ist ein Tanz der Hoffnung, deren innerstes Geheimnis Bewegung ist, das schöpferische Schwingen und Tanzen zwischen den Gegensatzpolen, das die psychische Energie in Schwung bringt, uns Freiheit genießen lässt in diesem Kraftfeld, in dem wir leben, uns bewegen und sind ...(Apg 17,28)

Maria tanzt: Sie geht mit niemand im Gleichschritt, sie ist sich ihres Angeschlossenseins an ein höheres Geheimnis bewusst, der Freiheit, die sie aus nie versiegender Quelle bezieht, sie, die *„Königin der Engel"*, ihre Gewänder wehen im Wind des Geistes, ihr Haupt ist vom kosmischen Reigen der Planeten umgeben. Im Tanz verwebt sie die Fäden der Weisheit, von Glaube, Liebe, Hoffnung zum neuen kosmotheandrischen Bewusstsein, in eine neue Ordnung, die „Gott", Mensch und Erde als Beziehungsgeschehen wahrnimmt. Im Tanz schafft sie Begegnung und Gestaltung, im Tanz, der seinen Sinn in sich selbst hat, von Moment zu Moment in Neues einschwingend, dem *„eingeschlafenen Christentum"* und den darin schlummernden Keimen (GW 10, § 541) Weiterentwicklung ermöglichend.

Maria tanzt die Zustimmung zum Sein-und Werdenkönnen, das „Ja" der Befreiung. Sie tanzt die Lebensbejahung, ohne welche wirkliche Individuation, die den „Drachen" an seinem Ort mitleben lässt, nicht möglich ist. Ihr Tanz befreit vom Hängenbleiben im moralinsauren Gut/Böse-Affekt und geht um Lichtjahre hinaus über das kopfneigende „Ja" des Konformismus. Diese „Ja" ist vielmehr das „Ja" der Neuschöpfung, in dem sich das Göttliche durch den Menschen hindurch immer neu ereignet in personaler, individueller Konkretion.

Mit Maria beginnt ein neuer Schöpfungsabschnitt, in dem der Mensch zu sich und seiner Aufgabe erwacht, sich als Mitwirkenden erkennt im offenen Schöpfungsprozess, der niemals abgeschlossen ist.

Dieses Unabschließbare können wir auch wunderbar „bildhaft" an der Veränderung der Bilder aller großen biblischen Gestalten durch die Zeiten hindurch ablesen, auch an Christus und Maria:

Dominierte im Mittelalter ein eher statuarischer Typus von Maria als der „Thronenden" mit dem Kind (das noch stark an antike Vorbilder angelehnt war), so wurde sie zunehmend freier, wurde mit Assoziationen an das „Weib mit der Sonne bekleidet" aus der Apokalypse aufgeladen, als Himmelskönigin dargestellt, als Nährende, Wegweisende, Siegreiche und vieles andere mehr, immer war sie im Wandel, hat immer wieder neue Perspektiven eröffnet – meine Münchner Freundin fällt mir wieder ein, ihre Notiz zur Überzeitlichkeit der Maria: *„Jede Zeit erfühlt/erahnt/fixiert sie anders, sie ist keine bloße Projektionsfigur."* (S. Kap 3)

Nein, keine Projektionsfigur: Eine *Wesensaussage*, ein Symbol, ein *Wahr*-Zeichen, als welches Hans Urs von Balthasar das Symbol von der

Allegorie unterschieden hat (Herrlichkeit, S. 18). Und alle Wahr-Zeichen wollen mit inneren Augen geschaut werden: Wie hätte die „Immaculata" den Christus-Impuls empfangen können, wenn er ihr nicht schon in virtueller Ganzheit mitgegeben gewesen wäre? Können wir Liebe empfangen, ohne in uns selbst schon Liebe zu tragen? Können wir Erkenntnis gewinnen, ohne die Ahnung, welche die Erkenntnis keimhaft schon enthält? Können wir den Reichtum der „ander Welt" schauen, ohne Resonanzbereitschaft für ihr wesenhaftes, weitausgebreitetes Symbolfeld, dessen Bilderschatz wir ahnungsvoll in uns tragen?

Maria tanzt.

Sie tanzt „Gott" als unauflösliche Wechselbeziehung zwischen den scheinbaren Polaritäten, Tanz der Beziehung und Verwandlung, Tanz der wegleitenden Wandlungskraft in uns, Tanz der Individuation. Tanzt auf der Schlange, dem Dunkelaspekt der Ur-Tiefe, den sie in sich aufgenommen hat um „ganz" zu sein.

Bewegt vom Wind des Geistes und der Freude tanzt sie das immerwährende, immer in Wandlung begriffene Sein, diese Immaculata, die *„Mutter ohne Makel"* (Lauretanische Litanei), und gibt ihm Gestalt. Gibt ihm Gestalt als dasjenige Wesensprinzip, an dem kein Affekt haften bleibt: *„Marie, die reine Magd"*, wie sie in dem berühmten, vorreformatorischen Weihnachtslied *„Es ist ein Ros entsprungen"* besungen wird.

Rein? Makellos?

Damit kein Missverständnis aufkommt: „Magd", „Mägdlein" wurde in früheren Zeiten jedes junge Mädchen genannt. Gegen „Reinheit" aber höre ich emanzipatorisches Zähneknirschen.

Spart es euch, geschätzte Mitschwestern, es geht nicht um das, was ihr meint! Maria schert sich nicht um säuerliche Maßstäbe – wie hätte sie sonst ihre ungehörige Schwangerschaft freudig hinnehmen können? Singend tanzt sie übers Gebirg, tanzt den Tanz der Erkenntnis innerer Freiheit und Unabhängigkeit von Eiferertum und Vorurteilen!

Maria tanzt das Wunder von der natürlich-spontanen Entfaltung des Bewusstseins und spiritueller Mündigkeit. Ihre Seele haftet nicht an Affekten, die das Leben schwer und verkniffen machen, haftet nicht an „verzwickten" Denkmustern, gegen die auch Bettine, geb. Brentano zeitlebens antanzte. Tanz führt darüber hinaus, ist allaugenblickliche *Überschrei-*

tung des Gewesenen, setzt mit jedem Schritt einen neuen Anfang, nichts muss bleiben, wie es gewesen ist, alles darf neu werden – speisen sich doch unsere festen Vorstellungen immer nur aus der Vergangenheit: verkohlte Klötze aus längst erloschenen Feuern.

Maria aber tanzt das unvorhersehbare Ereignis des Lebens, in dem ein Wink der göttlichen Sophia (deren Vergegenwärtigung sie ist) jederzeit das Tanzmuster verändern kann und uns frei dazu macht, die Impulse des Augenblicks zu erspüren, auf sie erfindungsreich zu reagieren – und weiterzutanzen. Ohne vorgegebene Choreographie, auch wenn eine solche von Fall zu Fall einen fruchtbaren Rahmen abgeben kann für Improvisation, Variationen, Neukompositionen, Kaleidoskopdrehungen ...

Und somit tanzt Maria auch einen *Tanz der Emanzipation.* Leichtfüssig setzt sie sich über dogmatische Drachen hinweg: Gewiss ist sie Mutter des Gottessohnes – aber auch selbst „wahre Gottestochter". Wer könnte als Mensch „wahrer" sein als sie, die das göttlich ererbte Menschsein als etwas Grosses erkennt und buchstäblich „zur Welt bringt" wie es uns allen aufgetragen ist, wenn Paulus in Athen sagt, wir alle seien der Herkunft nach *„Gott-zur-Erscheinung-Bringende von Gottes Art"*? (Apg 17,29)

Maria tanzt.

Sie ist das Gestalt gewordene Wahr-Zeichen von Weltseele, Menschenseele, Seele des symbolischen Lebens, Seele des „heiligen Sinns", der nicht vertrocknen darf. Und sie ist das Wahr-Zeichen seelischer Wandlungskraft, deren bewusster Entwicklung wir dringend bedürfen: Mensch, Welt und Religion sind nichts Fertiges, der Tanz des Lebens kennt kein „Ein-für-allemal". Auch Dogmen sind geworden und gewachsen. Es ist nun an uns, an jedem Einzelnen, neue Zugänge und Interpretationen zu ihren archetypischen Grundmustern zu finden, ihre Symbole weiterzuträumen, weiterzubauen, dem Tanz weiteren Raum zu geben! Ja, gewiss – es ist an uns, an denen, die „unten" sind in der kirchlichen Hierarchie, den Laien, denen „aus Nazaret", an jedem Einzelnen, der sich seiner göttlichen Herkunft bewusst wird: Auf *jeden* Impuls kommt es an, Wasser in Wein zu verwandeln, wenn er ausgegangen ist! Maria war es, die ihn Jesus zuspielte, zutanzte! (Joh 2,3), sie, selbst aus der Schar der *„anawim"*, der theologisch Unbedarften ...

Die Nacht bescherte mir einen ketzerischen Traum: Der Papst und seine Stellvertreter mischen sich unters Volk. Ich gerate mit jemand in eine heiße Diskussion über die Selbstoffenbarung Gottes in *aller* Schöpfung und Materie und spüre verzweifelt die übliche Skepsis (Vorwurf „Pantheismus" u. Co).

Als die offizielle Papstrede um ist und die Herren (plötzlich mehrere Päpste!) sich leutselig den Laien zuwenden, bestürme ich sie, dass sie viel stärker vermitteln müssten, dass *alles* göttlich durchwirkt ist, und der Mensch dadurch herausgehoben, dass er das erkennen kann und muss und auch danach *handeln*: Er darf nicht nur um sich selbst und seine „Erlösung" kreisen, vielmehr muss er realisieren, wo er das Leiden seiner Mitgeschöpfe verursacht und damit an der Miterlösung aller Kreatur verantwortlich mitarbeiten! Die Päpste reagieren amüsiert, wie wenn ein Kind etwas Naives sagt, über das die „Großen" weit erhaben sind, frozzeln arrogant, ob ich etwa meine, sie hätten nicht genug Theologie gelernt. Worauf ich in einer mir plötzlich gegebenen selbstverständlichen Autorität und Kühnheit antworte, dass ich eher glaube, dass sie *viel zu viel und zu früh schon mit Theologie überformt worden seien, und dass sie das daran hindert, das Allereinfachste zu sehen!* Man ist sprachlos – und „das Volk", das schon am Auseinanderlaufen war, versammelt sich wieder und wartet aufmerksam und gespannt, wie dieser Disput weitergehen wird ...

Warum musste ich an dieser Stelle aufwachen? Total elektrisiert und fassungslos über meinen Mut, aber auch in einer tiefen Gewissheit, dass genau da „weitergeträumt" werden müsste, um die „Keime von unten" zur Entfaltung zu bringen! Und wer hatte mir diese Traumbotschaft „zugetanzt"? Meine Seele, alias Maria?

Lag darin ein schleichender Größenwahn oder müssten wir, die theologischenen Laien also, endlich den Mut fassen, uns zu „reinigen" von allem „Nachgebeteten"? Müssten wir nicht schleunigst der tanzenden „Immaculata" folgen *„durch das Wasser, das dich entledigt all dessen, was dich behindert"*? Das uns reinwäscht von dem Mehltau, der sich uns in der Perspektive angelernter Theologie über den Mythos von Gott, Mensch und Welt gelegt hat und die intuitive Wahrnehmung des Menschen entmündigt?

Wenn das so wäre, bräuchten wir keine weiteren, spitzfindigen Ausle-
gungen der „Lehren von Gott" (Theo-Logien), keine immer ausgefeiltere
Christologie, in der die ganz und gar menschlich geborene Maria nur eine
subalterne Rolle spielt. Viel eher müssten wir darüber hinausgehen und
schauen, was sich in ihrer Gestalt als ein *neuer Mythos vom Menschen* manifestiert!

Meine Patentante hat in ihrem schmalen Büchlein mit Martin Bubers
„Einsichten" folgende Stelle angekreuzt:

*Denn reifen will das Göttliche in der Menschheit. In deren Gezeiten ent-
wächst es in unsichtbarem Werden altem Sinnbild, blüht es auf ... bis kein
Sinnbild mehr ... nottut und das Leben selbst im Wunder des Miteinander
zum Sinnbild wird.*

M. Buber, Einsichten, 1953, S. 17

Mir ist bewusst, dass Buber mit dem „Wunder des Miteinander" die
Gemeinschaft der *Menschen* meint. Ich aber erlaube mir, noch darüber hinauszutanzen: Der Mensch wird zum Menschen erst dort, wo er
erkennt, dass *alles*, was mit ihm in der Welt ist, zu diesem „Miteinander"
gehört. Und dieses neue Bewusstsein „zur Welt zu bringen" sind wir alle
aufgerufen!

16. Maria emanzipiert sich

Und wieder erscheint ein neues, aufregendes Muster in meinem Kaleidoskop – nur durch eine kleine Drehung und sensibilisierte Aufmerksamkeit, durch die sich die Glitzersteinchen wie frisch gewaschen in neuem Glanz präsentieren.

Erinnern wir uns?

„Ich muss MARIA sein und Gott aus mir gebären", hatte Angelus Silesius erkannt (Kap. 8), schon bevor er zum Katholizismus übergetreten war. Ob das bereits eine Kaleidoskopdrehung war, die ihn seinen Entschluss fassen ließ, wissen wir so wenig, wie ich weiß, wann meiner Patentante die Einsicht kam, dass sie nicht ohne Mythos und Maria sein wollte. Allerdings war ihr Blick noch lange nicht so radikal wie meiner, der auch unter katholischen Glaubensverwaltern auf Abwehr trifft, wie ich in meinem letzten Buch über Sophia/Maria (2016) geschildert habe (S. 314). Darum hatte ich schon dort im Schlusskapitel geschrieben:

Ich bin noch nicht radikal genug. Doch meine Radikalität hat den Himmel über sich und vertraut sich – bis zum nächsten spirituellen Entwicklungsschritt – dem Sinnbild einer weiblichen Seelenführerin an: Sophia. Sophia-Maria. (S. 321)

Ja, Sophia: in Maria mit dem Kind menschgewordenes Symbol des vorbewussten schöpferischen Hintergrunds des Universums.

Und weiter ist dort auch zu lesen, *warum* ich dieses Sinnbild sozusagen „von der Wurzel her" („radikal" im Wortsinn) für derart bedeutsam halte: Weil die Gottes-oder Christusgeburt, das heißt, das eigene Erwachen und die Erfahrung der mystischen *Gemeinschaft von allem mit allem* („Gott" oder das „Wunder des Miteinander"), genauso wie die persönliche Individuation einen *Ermöglichungs-*und *Wachstumsraum* braucht, in dem es *werden* kann. Und zwar muss dieser Raum einerseits ein Raum seelischer *Wärme und Gehaltenseins* sein, in dem jeder Einzelne gehegt und gepflegt wird. Aber genauso ein *Raum, in dem eigenständige geistige Stärke entwickelt werden* kann: Marias „Ja" also nicht etwa nur als Raum hinnehmenden Staunens, sondern auch Raum für eine gegenüber jedem mainstream-Denken immunisierende geistige Widerstandsfähigkeit! Maria emanzipiert sich. Sie empfängt den neuen Geist nicht auf herkömmliche Art, ihre „Jungfräulichkeit" ist ein Freiheitsbegriff: Etwas ganz Neues wird von ihr empfangen aus einer anderen sich eröffnenden Dimension, gegen alles Stammbaumdenken und klassische Machtstrukturen. Durch sie tritt eine weiblich grundierte und emanzipatorisch klare geistige Widerstandsfähigkeit in die Welt, um unserer *„grässlich vermännlichten Vorstellung des Göttlichen abzuhelfen."*

Letztere ziemlich radikale Ausdrucksweise stammt nicht von mir, sondern von Pierre Teilhard de Chardin in seiner berühmten *Hymne an das Ewig-Weibliche,* die *Maria* gewidmet ist. Mit Hinweis auf die göttliche Weisheit in Sirach 9,24 begründet er, was *Sophia-Maria* für ihn ist, nämlich *„die Kraft, die verdichtet und den Dingen Heimat und Mitte ist, ... der Anruf zur Einigung mit dem All, der Charme der Welt, auf ein menschliches Antlitz gelegt."* (Schipflinger, Sophia-Maria, übers. Urs v. Balthasar)

Teilhard hat die Erde geliebt. Maria ist ihm Chiffre der Schöpfung. Irdische Existenz als Voraussetzung dafür, dass der zu Eigenständigkeit gereifte Mensch sich der großen Aufgabe seiner Seele bewusst wird, sich selbst als uranfänglichen, schöpferischen Erfahrungs-und Werderaum des „kosmotheandrischen" Ganzheits-Geheimnisses zu erkennen („kosmotheandrisch" ist eine Wortschöpfung Raimon Panikkars, in der er Kosmos, Gott und Welt zur Einheit verschmilzt). Dass er die Kraft entwickelt, sich zu imaginieren als Resonanzraum des Göttlichen und als Ort seiner Materialisierung in einer *„wunderbare[n] Verschwisterung der Liebe zum Himmel und der Liebe zur Erde"* (Teilhard, Briefe an Léontine Zanta, 1967, S. 72) – in einem Tanz, in dem Unsichtbares und Sichtbares, Geist, Seele und Leib mit einander verwoben werden. *„Heimat und Mitte"* dieser wunderbaren Verschwisterung aber kann Maria nur sein, wenn ihre Symbolgestalt als ein seiner selbst bewusstgewordener Ort der „Menschwerdung" anerkannt wird, der den Menschen in eine ganzheitliche, individuierte Existenz hineinwachsen lässt, welche die Sorge um eine „Individuation der Mitwelt" mit einschließt.

„Maria emanzipiert sich" meint nicht, dass sie fortan im Hosenanzug im himmlischen Aufsichtsrat herumspazieren soll. Vielmehr meine ich, dass wir uns seit 1600 Jahren viel zu sehr mit „theo-logischen" Fragen befassen, mit dem, was „Gott" ist und wie man mit dem Kon-

strukt der göttlichen Dreieinigkeit und einem Dogmenkatalog ein
überzeugendes Glaubenskonzept hinbekommt, damit es das Neue
zum Ausdruck bringt und sich von den damals durchaus noch wirk-
samen älteren Religionen unterscheidet. Zwar ist auch heute die Frage
nach „*Gott*" so dringend wie je als Frage, was das ist, was diese Welt
im Innersten zusammenhält. Aber das Grübeln ob „Gott" uns liebt,
rechtfertigt, erlöst, zeugt von der Heillosigkeit dualistischen Denkens:
„Gott" als das Gute im Himmel, wir als die Sünder auf der Erde. Dessen müssen wir uns dringend „entledigen".

Statt dessen müssen wir unermüdlich und unerschrocken danach fragen, was „*der Mensch*" „eigentlich" und „ursprünglich" ist (Apg 17,29!).
Und das, ohne dass wir uns sofort der Aufblähung des menschlichen
„Ego" vorhalten lassen müssen und in den Staub verdammt fühlen. Denn
daran, dass „*das Menschsein (...) etwas Großes*" ist, wie der gewiss nicht des
Hochmuts verdächtige reformierte Theologe Walter Nigg (1984, S. 17)
sagt, erinnert uns schon Augustinus. Tausend Jahre später aktualisiert es
in einem humanistischen Neuansatz der geniale, jungverstorbene Pico
della Mirandola (1463-1495) in seiner bahnbrechenden Schrift über „*Die
Würde des Menschen*" (1485). Pico, ein durch und durch frommer Mensch
und auch seine Geistesgefährten sahen den Menschen und seine Seele als
würdigen Raum der göttlichen Inkarnation und Raum der schöpferischen
Erkenntnis des „göttlichen Funkens" (Meister Eckhart), der in ihm zu
Bewusstsein kommen will.

Haben das die Glaubenswächter vergessen?

Haben sie vergessen, dass wir „von Gottes Art" (Apg 17,29) sind, beauf-
tragt, dieses Bewusstsein zur Welt zu bringen?

Maria war die erste, der diese Erkenntnis aufging, dass sie selbst „Wohnung" des Göttlichen sein sollte. Sie, ganz und gar Mensch, wußte sich als
„*Sedes Sapientiae*", Sitz und Einwohnungsstätte („Tempel des Geistes") der
göttlichen Weisheit.

Haben wir je wirklich begriffen, was das bedeutet? Dass es nichts
Geringeres heißt, als dass sie, beispielhaft für jeden Menschen, Raum und
Erscheinungsform des Göttlichen ist innerhalb einer durch und durch von
göttlichem Werdegeist durchzogenen Veranstaltung namens Welt, Kosmos, Universum, in unauflöslicher Beziehung mit allem und jedem? Und

dass wir – ebenfalls jeder Einzelne als einzigartige Person – die Aufgabe haben, dies ebenfalls zu erkennen und danach zu handeln?

Ich weiß, ich wiederhole mich. Aber es ist Maria, ganz gotterfüllter und durchdrungener Mensch, die noch *vor* Jesus als geschichtlich einmalige und zugleich allgemeingültige Symbolgestalt erkannt hat, was es bedeutet „mündig" zu werden, buchstäblich „ja" zu sagen zu unserem spirituellen Auftrag der Selbst-und Gottes-Erkenntnis und radikaler Lebensbejahung.

Das Göttliche ist überall „da". Als unvorstellbar mächtige, transpersonale Kraft ist es unablässig am Werden, Erscheinen, sich Ereignen. Unsere Verbundenheit mit diesem transpersonalen Da-Sein können wir heute sogar rational auf „wissenschaftlicher" Ebene wahr-nehmen. Sie aber als eine sowohl „persönliche", wohl auch „kosmische" schöpferische Kraft *spirituell zu erleben,* ist ein mystisches Geschehen, das ein *emanzipiertes Bewusstsein* und unsere persönliche Bereitschaft braucht.

Maria symbolisiert den Raum und Ermutigung für eine nur dem Menschen eigene kreative Fähigkeit: nämlich dem Zusammenspiel von Gott, Welt und Leben *Sinn und Bedeutung abzulauschen,* sich davon durchdringen zu lassen und *in Fleisch, Blut und Knochen* zu konkretisieren. Raum und Ermutigung, sich mitten in der Welt seiner göttlichen Herkunft bewusst zu sein (Apg 17,29) und selbst-bewusst zu entscheiden. Raum und Ermutigung für einen vom Herrschaftsdenken emanzipierten „heiligen Sinn", für eine seelisch-geistige Vision des symbolischen Lebens, aus der wir die Kraft zur ganzheitlichen „Menschwerdung" beziehen. Und zwar sowohl was unsere persönliche Inkarnation als Individuum als auch die Schöpfungsgemeinschaft mit anderen Lebewesen angeht.

TEIL IV

17. Maria als Mutter des „heiligen Sinns" und des symbolischen Lebens

Und wieder eine kleine Kaleidoskopdrehung:

Wir sind aus solchem Stoff, aus dem die Träume werden,
und unser kleines Leben umfasst ein Schlaf.

Was William Shakespeare den Zauberer Prospero sagen lässt (Sturm, 4. Aufzug, 1. Szene), haben Dichter immer schon gewusst.

Auch unsere religiösen Symbolfiguren, die je nach Herkunft verschiedene Gestalt annehmen (und dann merkwürdigerweise in jeweils alleinseligmachende Wahrheiten eingepresst werden sollen) sind aus diesem Stoff. Darum waren es auch die Dichter, welche, als im 17. und 18. Jahrhundert Maria als lobwürdige Gottesmutter dem Protestantismus immer mehr aus dem Blick geriet, die Ahnung aufrecht hielten, dass in Maria *„durch ein heiliges Geheimnis die unzertrennliche Vereinigung der göttlichen und menschlichen Natur geschehen ist."* (Marin Opitz, geb. 1597, in Schimmelpfennig, 1952, S. 73).

Und Klopstock (geb. 1724), in dessen Dichtung Maria große Bedeutung hatte, sprach von ihr als der *„Mutter des Unerschaffenen"* (*Schimmelpfennig, S. 77*).

Kann man sie deutlicher als Trägerin des großen Transformationsgeheimnisses von unerschaffen Möglichem ins von uns als „Wirklichkeit" Empfundene charakterisieren?

Wir alle sind *„Mütter des Unerschaffenen"*! In jedem Augenblick, dem durch uns ins Leben verholfen wird, innerlich und äußerlich, träumend oder wachend, unsere Seele webt still am Werden des Neuen. *„Ich muss Maria sein ..."*

Aber sich schwanger mit dem Unerschaffenen, bisher nicht Dagewesenen fühlen, angeschlossen an die Sphäre, aus der die Träume kommen

Abb. 8: Dieses liebenswert kitschige Votivbildchen (leicht vergrößert) stammt aus Notre-Dame-de-la-Trinite in Blois (Loir-et-Cher) und ist auf der Rückseite gewidmet und datiert am 19. August 1915. Ein gedruckter Text, ebenfalls auf der Rückseite, erklärt die Gestaltung nach einer Vision der Mechthild von Magdeburg (13. Jh): *Während diese Heilige am Morgen der Verkündigung das Ave-Maria sang, sah sie plötzlich aus den Herzen des Vaters, des Sohnes und des Heiligen Geistes drei Lichtstrahlen hervorbrechen, welche das Herz der Begnadeten Jungfrau durchdrangen. Dann hörte sie die Worte: „Durch die Kraft des Vaters, die Weisheit des Sohnes und die barmherzige Zärtlichkeit des Heiligen Geistes nahe sich Maria nichts als Kraft, Weisheit und barmherzige Zärtlichkeit."* Die Darstellung zeigt die Vereinigung und Konzentration dieser Kräfte der Dreieinigkeit in Marias Herzen, sodass sie sozusagen zu deren „Gefäß" (vas spirituale) und zur Trägerin des gesamten Geheimnisses der Trinität wird: Der Betrachter kann in Marias Bild tatsächlich auch heute noch „alle Geheimnisse des Evangeliums" lesen (Papst Franziskus, 2016). Lilienkrone und hermelingefütterter Mantel betonen noch Marias „königliche" Rolle innerhalb des christlichen Mysterienspiels.

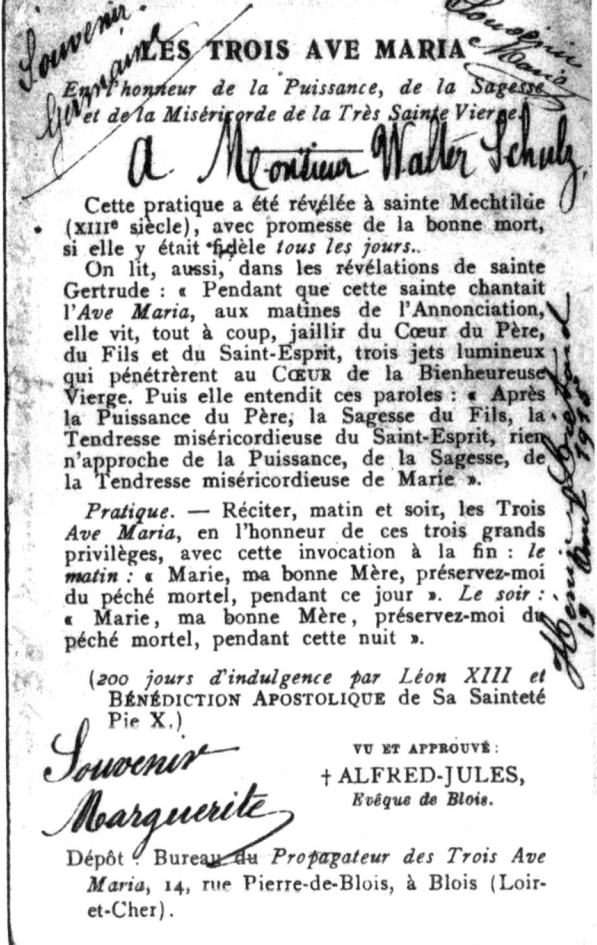

LES TROIS AVE MARIA
En l'honneur de la Puissance, de la Sagesse
et de la Miséricorde de la Très Sainte Vierge

Cette pratique a été révélée à sainte Mechtilde
(XIIIe siècle), avec promesse de la bonne mort,
si elle y était fidèle *tous les jours.*.
On lit, aussi, dans les révélations de sainte
Gertrude : « Pendant que cette sainte chantait
l'*Ave Maria*, aux matines de l'Annonciation,
elle vit, tout à coup, jaillir du Cœur du Père,
du Fils et du Saint-Esprit, trois jets lumineux
qui pénétrèrent au Cœur de la Bienheureuse
Vierge. Puis elle entendit ces paroles : « Après
la Puissance du Père, la Sagesse du Fils, la
Tendresse miséricordieuse du Saint-Esprit, rien
n'approche de la Puissance, de la Sagesse, de
la Tendresse miséricordieuse de Marie ».

Pratique. — Réciter, matin et soir, les Trois
Ave Maria, en l'honneur de ces trois grands
privilèges, avec cette invocation à la fin : *le
matin* : « Marie, ma bonne Mère, préservez-moi
du péché mortel, pendant ce jour ». *Le soir* :
« Marie, ma bonne Mère, préservez-moi du
péché mortel, pendant cette nuit ».

(*200 jours d'indulgence par Léon XIII et*
BÉNÉDICTION APOSTOLIQUE de Sa Sainteté
Pie X.)

VU ET APPROUVÉ :
† ALFRED-JULES,
Evêque de Blois.

Dépôt : Bureau du *Propagateur des Trois Ave
Maria*, 14, rue Pierre-de-Blois, à Blois (Loir-
et-Cher).

und das zuzugeben macht verdächtig – in einer Gesellschaft, die nicht realisiert, dass sie in einer Narkose von überkommenen Rezepturen befan-
gen ist.

Ich kann inzwischen die Zu-Fälle, die Winke, die mir die „ander Welt" der
Träume und Symbole zuspielt schon gar nicht mehr alle in dieses *work in
progress* meines Nachdenkens über Maria einbringen, so zahlreich fließen
oder fliegen sie mir zu.

Heute Morgen etwa fiel mir aus einer Post aus München ein kostbares Andachtsbildchen entgegen, das so vieles in sich versammelt, wovon ich gerade erfüllt bin, dass es hier einen würdigen Platz bekommen soll.

Ich habe es vergrößert, damit man die Schrift auf den Lichtstrahlenbündeln lesen kann. Real ist es nur etwa 7 mal 12 cm groß. (Abb. 8) Aber es hat es in sich: Auf Wolken, umschwärmt von geflügelten Engelköpfchen schwebt über der gerade noch sichtbaren Erde Maria als Königin mit der Lilienkrone, den Blick in träumerischer Schau nach oben ins Himmelsweite gewandt, als sähe sie weit über die hinter ihr in heiligem Ernst versammelten und auf sie fixierten Repräsentanten der Trinität hinaus.

Und auf der dicht bedruckten Rückseite steht:

Les Trois Ave Maria

En l'honneur de la Puissance, de la Sagesse et la Misericorde de la Très Sainte Vierge (Zu Ehren der Mächtigkeit, der Weisheit und der Barmherzigkeit der Allerheiligsten Jungfrau).

Darunter steht die Erklärung, während eines „Ave Maria" habe die Hl. Mechthild, sowie die Hl. Gertrud (13. Jh) in einer plötzlichen Offenbarung (*révélation*) in einer plötzlichen visuellen und auditiven Erscheinung folgendes gehört: „Nächst (*après*) der Macht des Vaters, der Weisheit des Sohnes, der barmherzigen Zärtlichkeit (*Tendresse*) des Heiligen Geistes komme nichts gleich der Macht, der Weisheit und Zartheit der Barmherzigkeit Marias."

Danach kommt eine Anweisung zu morgendlichem und abendlichem Gebet und die Autorisierung des ganzen durch den damaligen Bischof von Blois (Loir-et-Cher), Alfred Jules.

Das ganze trägt eine handschriftliche Widmung (des Priesters?) an *Monsieur Walter Schulz,* datiert vom 19. April 1915, und auf der Bildseite „schwebt" über der Geist-Taube der Barmherzigkeit ein rosafarbener Wachstropfen.

Dies, die handschriftlichen Zeichen (darunter auch in einer Ecke „*Souvenir Maria")* und der abgegriffene, leicht fleckige und beschädigte Rand berührt mich besonders an dem kleinen Andachtsbild. Ein wenig süßlich, ja, eben ein Traum nach Art der Zeit meiner Großmutter, höchstwahrscheinlich älter als von 1915.

Ich stutze: 1915 – da war bereits Krieg zwischen den „Erbfeinden" Deutschland und Frankreich – was suchte da Monsieur Walter Schulz im Kapuzinerkloster von Blois? War er kein „Feind"? Haben unter dem Schutz der barmherzigen Zärtlichkeit, Weisheit und Macht, welche im Herzen *Unserer Lieben Frau der Heiligen Dreieinigkeit* vereint sind, die „Feinde" zusammengefunden?

Haben die Heiligen Mechthild (von Magdeburg) und Gertrud (von Helfta, genannt „die Große"), über die Monsieur Walter Schulz Bescheid wusste, mitgeholfen? Wie wunderbar, was Maria hier alles vereint! Und ist genau das, was mich angesichts des Andachtsbildchens „ins Herz getroffen" hat: *In Maria alle Geheimnisse des Glaubens lesen* (Papst Franziskus). Überdeutlich zeigt sich hier: Die himmlische *„Sainte Trinité"* braucht einen *Ort,* ein seelisches Wahrnehmungsorgan, das sie schaut, erkennt, zusammenhält und zu Einem verbindet – und dieser *Ort* ist *Maria.* Dieser Ort ist *unsere Seele,* als *„Mater imaginationis",* Mutter aller Visionen: Wo und was wäre denn die ganze Trinität, wenn keine seelische „Fassungskraft", keine „Matrix" da wäre, um sie in gelebtes Leben hineinzutransformieren? Die Ideen und Träume Gestalt werden lassen? Sie aushält, nährt und wachsen lässt?

Immer und immer wieder: *Ich muss MARIA sein und Gott aus mir gebären ...*

Auf die *Halte-und Bewahrungskraft* der Maria, auf *unsere eigenen* religiösen Halte-und Bewahrungskräfte, auf unsere Fähigkeit „heiligen Sinns" zu träumen, kommt es an. Nur wenn wir uns als „marianisch" verwurzelte Wachstumsräume verstehen, kann „Gott" (oder „Christus") geboren werden, das heißt ein neues, von aller Vorprogrammierung freies Bewusstsein für Sinn und Bedeutung von „Gott", Welt und Leben. Maria ist das „mystische Gefäß" (*„vas spirituale"*), die Chiffre für diese integrative und kreative seelische Spannkraft, welche unserem Dasein Bedeutung und einen „höheren", symbolischen Sinn zu geben vermag und vor der „Vertrocknung des heiligen Sinns" bewahren.

Ja, ich weiß, dass ich mich ständig wiederhole. Aber die Wiederholung gehört unverzichtbar zu den Halte-und Bewahrungskräften, wie jeder Meditationsweg, jedes religiöse Ritual bezeugt. Dessen waren sich auch die unzähligen Dichter und Maler (und ihren Auftraggebern) bewusst, denen es ein Bedürfnis war, immer und immer wieder Maria mit dem Kind darzustellen: Ein überdeutliches Zeichen, dass Maria mit dem Christuskind das einprägsamste Bild für die Dynamik des Empfangens, Austragens und Gebärens des „Unerschaffenen" ist, das wir als unsere tiefste, persönlichste Wesensbestimmung erahnen. Und dass es des symbolischen Lebens bedarf, das all die Trivialitäten des Alltags zu verwandeln vermag.

Aber die Intuition dafür kommt der „aufgeklärten" Weltsicht mehr und mehr abhanden. Was den religiös und psychologisch kämpferischen C. G. Jung 1939 (protestantischer Herkunft) bei einem Seminar mit englischen Geistlichen veranlasst hat zu sagen:

Wir haben also kein symbolisches Leben, und wir alle haben das symbolische Leben dringend nötig. Nur das symbolische Leben kann den Bedürfnissen der Seele Ausdruck verleihen – den täglichen Bedürfnissen der Seele, wohlgemerkt! Und da die Leute nichts dergleichen besitzen, können sie nie aus dieser Tretmühle herauskommen – aus diesem schrecklichen, zermürbenden Leben, wo sie ‚nichts als' sind ... alles ist banal, alles ist nichtig, alles ist ‚nichts als'; und aus diesem Grunde sind die Leute neurotisch. Sie haben das Ganze einfach satt, die Banalität dieses Lebens, und deshalb wollen sie Sensationen. Sie wollen sogar Krieg, sie wollen alle einen Krieg ..."

Jung, GW 18/1, § 627

Das war am 5. April 1939. Kein halbes Jahr später sind die Deutschen über Polen hergefallen. Immer wieder kommt Jung auf das tiefverwurzelte Bedürfnis des Menschen zurück, innerhalb eines Lebensganzen etwas zu sein, das ihn übersteigt, darin eine Rolle zu spielen. Und er erzählt eine Unterhaltung mit dem Zeremonienmeister eines Stammes der Pueblo-Indianer, der ihm diesbezüglich folgendes erzählt habe:

„Wir sind alle Söhne des Vaters, der Sonne. Er, der dort oben geht ... das ist unser Vater. Wir müssen ihm täglich dabei behilflich sein, sich über den Horizont zu erheben und über den Himmel zu gehen. Und wir tun das nicht bloß für uns allein, wir tun es für Amerika, wir tun es für die

ganze Welt. "Und Jung fährt fort: *Diese Leute haben keine Probleme. Sie haben ihr tägliches Leben, ihr symbolisches Leben. Sie stehen morgens mit dem Gefühl ihrer großen und göttlichen Verantwortung auf: sie sind Söhne der Sonne, des Vaters, und es ist ihre tägliche Pflicht, dem Vater über den Horizont zu helfen – nicht allein für sich selbst, sondern für die ganze Welt*

Jung, GW 18/1, § 629/630

Wir wollen uns nicht damit aufhalten, dass hier nur von „Söhnen" die Rede ist. Darauf kommt es hier nicht an. Entscheidend ist, dass diese Menschen sich ganz persönlich innig verbunden und *bedeutsam* fühlen können im Sinnganzen des kosmischen Lebens – was wiederum das Gefühl eigener Integrität und Identität stärkt.

Was für ein Kontrast, zu dem „austauschbares-Rädchen-im-sinnleeren-Getriebe-Gefühl", das die meisten von uns unentwegt in die Gier nach „Großartigem" treibt, sei es im Größenrausch feiernder Massen, sei es in der Identifikation mit Fiction-Helden, sei es in Gewalttaten und Kriegen ...

Ich kehre zurück zu meinem französischen Andachtsbildchen und Angelus Silesius: *„Ich muss MARIA sein und Gott aus mir gebären ..."*

Meine Patentante hat sich auf den Namen Maria taufen lassen. Hat sie dabei je an eine so große Symbolbedeutung Marias für die *Bewusstwerdung* des Göttlichen im Menschen gedacht, wie ich?

Abb. 9: Christus und Maria als Bräutigam und Braut, Fresko im Münster Reichenau. Ein Bild, das über das bildhaft Vermittelbare weit hinausgeht. Maria, als Mutter Christi zugleich auch Braut des „Erlösers": Dieses Motiv reicht weit in die Geschichte der religiösen Ideen zurück, und ist in den ersten Jahrhunderten des Christentums noch gleichfalls lebendig in der Beziehung zwischen Isis und Osiris. Biblisch ist die symbolisch komplexe Beziehung in der Zwiesprache zwischen den Liebenden im Hohen Lied verankert, das von den Kirchenvätern über Bernhard von Clairvaux bis zu Joseph Ratzinger (geb 1927) als Brautlied der Hochzeit zwischen göttlicher Weisheit (Sophia) und Gott (Logos), aber auch Verbindung zwischen Seele und Geist, Gottesvolk und Gott, Maria und Christus gedeutet wurde. Als unio mystica ist diese Vereinigung Kernstück aller Mystik. Es zeigt sich hier die Vielschichtigkeit der religiösen Chiffren: „Christus" ist nicht nur der auferstandene Sohn der Maria, sondern als anfänglicher „Logos" zugleich eine präexistente, kosmische Größe, Maria ist nicht nur Mutter Christi, sondern in ihrer Überstufung Repräsentantin der Weisheit und ebenso der Schöpfung, der Erde, des Menschen und der Menschheit. Beide, Christus und Maria tragen die Lilienkrone – durch den „Lilienstab" in der Hand Christi werden gar Assoziationen an die „Verkündigung" wach – in jedem Fall ein waches Geschehen zwischen Gleichrangigen.

18. Braut Christi

Um neues Leben hervorzubringen, braucht es in der Regel zwei. Jesus, der fleischgewordene Logos ist nach alter Tradition *„Gottes und Marien Sohn".* Und als „Gottes und Marien Sohn" wird Jesus selbst in evangelischen Kirchenliedern besungen – offensichtlich ohne dass in der Breite die *Bedeutung* dieser Redeweise wirklich bewusst geworden wäre. Denn setzt sie nicht die alte, mystische Vorstellung von Maria als irdischer „Braut Gottes" voraus? Und das ist wahrlich kein „Nichts-Als", sondern wiederum eine große Rolle im Heiligen Spiel der Inkarnation Gottes!

Maria als Braut, Christus als Bräutigam – und wieder winkt mir augenzwinkernd die „ander Welt" zu: Einmal von einem Fresco von der Insel Reichenau aus dem 14. Jahrhundert mit einem charmanten Doppelporträt von Christus und Maria, *„Sponsus"* und *„Sponsa"* (Abb. 9) – und dann ganz „diesseitig" und doch überraschend und wie aus einer andern Welt hergeweht: Heiter und feiertäglich gestimmt wandre ich morgens durch meinen sonntagsstillen Garten – und sehe mitten in der noch hochstehenden, ungemähten (es ist ein ungewöhnlich heißer 12. September), von wilden Wicken durchwucherten Wiese etwas liegen, was nicht ins Muster passt. Vorsichtig wate ich hinein und identifiziere einen roten, geplatzten Luftballon samt Kärtchen mit rosa-blauem Eulenpaar und der Aufschrift „Frisch verheiratet". Versehen mit gedruckten Glückwünschen, bereits adressiert, mit der Bitte, es zur Freude der Frischvermählten zurückzuschicken. Aus Nürnberg durch die Lüfte hergetragen – ein Wunder, dass der Ballon in der Hitze nicht früher seinen Geist aufgab! Und waren wir nicht schon am Tag davor bei einem Ausflug in eine Trauung hineingeraten und berührt von der eigentümlichen Aura, die selbst irdische Brautpaare umgibt?

Braut und Bräutigam: Auch das Hohelied (nach allgemeinem Forschungsstand weltlichen Ursprungs) hat es besungen, und von den Kirchenvätern bis zu Joseph Ratzinger (geb 1927), nachmals Papst Benedikt XVI., wurde es als Brautlied der Hochzeit zwischen Seele und Geist, Gottesvolk (Kirche) und Gott, Maria und Christus, Mensch und Schöpfung gedeutet. In einem Büchlein über *„Die Tochter Zion – Betrachtungen über den Marienglauben der Kirche",* in dem 1977 drei Vorträge Ratzingers zusammengefasst sind, spricht er davon, dass die kirchliche Liturgie *„die*

Lesungen über die Weisheit auf Maria hin liest" (S. 24) und dass die biblische Weisheit nicht in einem abstrakten Logos-Wort-Gedanken aufgeht, sondern ein geheimnisvolles Urbild des Weiblichen in sich trägt. Und dann sagt er zwei Sätze, gegen jegliche „niedrigschwellige" Verödung gerichtet: *„Die Austilgung des Marianischen aus der Sophiologie* [Lehre von der göttlichen Weisheit, Sophia, B. R.] *streicht zu guter Letzt eine ganze Dimension des Biblischen aus dem Christlichen ... Das Marianische leugnen oder ablehnen läuft letztlich auf die Negation der Schöpfung und auf die Entwirklichung der Gnade hinaus, auf eine Vorstellung der Alleinwirksamkeit Gottes, die die Kreatur zum Mummenschanz macht."* (S. 26)

Als *„Siegelbewahrerin der Schöpfung"*, ja, als *„Erde"* und Lebensträgerin (Zion, S. 16) sieht Ratzinger Maria, Repräsentantin des Menschen überhaupt, *„von Gott zur freien Antwort berufen"*, und es bedarf seiner bräutlichen *Mitwirkung* und Mutterschaft, dass das Göttliche Wohnung findet in der Welt! *„In diesem Sinn verbinden sich in der Mariologie* [Ratzingers] *die Schöpfungs-und die Gnadentheologie, die Christologie und die Ekklesiologie, aber auch die Anthropologie und letztlich die Eschatologie"* (schreibt Rainer Hangler, der Ratzingers Mariologie zusammengefasst hat, S. 103).

Wenn das kein Höhepunkt Heiliger Hochzeiten ist! Und wie soll es auch anders sein, denn in Maria lebt die Göttliche Weisheit, in Spr. 8 als Geliebte Gottes vorgestellt. So sieht es auch die russisch-orthodoxe Tradition und ihre Sophiologen Wladimir Solowjew (1853-1900), Paul Florensky (1882-1937) und Sergej Bulgakow (1871-1944), der Sophia-Maria für das *„Herz der Welt"* hielt (Schipflinger, 191). Weisheit *und* Maria sind ihm Symbole für die *göttliche Wesensart (ousia) alles Erscheinenden*, sind Leib, Schöpfung, Natur, Kreatur, Erde, Materie, Welt. Ja, sie *sind* dies alles, und wer sie als „unwesentlich" abtut, erklärt tatsächlich alles Leben der Erscheinungswelt zum „Mummenschanz" – zur Grimasse und Gaukelei ohne „eigentliche" Bedeutung im Heiligen Spiel. Schöpfung aber ist Inkarnation in „Eigentlichkeit".

Für Joseph Ratzinger ist Maria als solche „Antwort" und Mitgestalterin: *„Die Schöpfung antwortet, und die Antwort ist Gott so nahe wie ein Spielgefährte, eine Liebende."* (Zion, S. 23/24). In der Hochzeit, im Liebesspiel zwischen „Wort" und „Schöpfung", kosmischem Christus und Maria-Sophia, „Gott" und Mensch werden „Glaube" und „Gnade" zum gelebten

Leben und führen den Menschen aus dem Dualismus zur Einheit und in eine neue Dimension.

Christus als *„Gottes und Marien Sohn"*: Wir sehen in diesem Symbolbild Maria auf der Seite der göttlich durchwirkten Kreatur und Leiblichkeit, durch welche sich Gottes Selbstoffenbarung als Heilige Hochzeit und Geburt des Neuen unentwegt manifestiert. Darum *„hat Marias Mutterschaft zutiefst mit dem Geheimnis der Inkarnation als solchem zu tun und reicht mitten ins Mysterium selbst hinein. So wird der christologische Satz von der Menschwerdung Gottes in Christus notwendig mariologisch ... Das Auftreten eines wirklich mariologischen Sinnes ist der Maßstab dafür, ob der christologische Gehalt voll präsent ist."* (Zion S. 33)

Ich staune. Das muss ich mir auf der Zunge zergehen lassen:

Das Auftreten eines wirklich mariologischen Sinnes ist der Maßstab dafür, ob der christologische Gehalt voll präsent ist.

Ohne Maria kein Christus, keine wirkliche, konkrete Inkarnation! Einer der scharfsinnigsten Theologen unserer Zeit befindet, dass Maria und Christus *„ein unlösbares Prinzip zusammen bilden, wo keines fehlen darf"* (zit. n. Hangler 202) und fordert für das Erfassen dessen, was „Inkarnation" bedeutet, einen *„mariologischen Sinn"* ein ... Was für ein Fund. Energisch klar und fein ziseliert sind Joseph Ratzingers mariologischen Argumente, wie die hoch interessante Studie von Rainer Hangler zeigt (2016), auf die ich „zufällig" über irgendeine Fußnote gestolpert bin. Und nun höre ich, schon angefangen beim Geleitwort von Kardinal König bis zum Schluss durch die ganze komplizierte Glaubensymphonie als *cantus firmus* mein (von mir für „ketzerisch" gehaltenes) Leitmotiv durchklingen: *Ohne Maria kein Christus* ... Und es macht das Christusgeheimnis um nichts kleiner – im Gegenteil!

Joseph Ratzingers Wahlspruch als Erzbischof von München und Freising war: *„Mitarbeiter der Wahrheit"* (3. Joh 8). Im Griechischen heißt dieser Mitarbeiter *„synergos"*, also ein Mitgestalter in Bezug auf ein (gemeinsames) Werk. Ein kreatives Zusammenwirken zur Erkenntnis der „Wahrheit" gr. *„a-letheia"*. Bei Platon ist sie der Sinn, den die Seele bei ihrem

Weg zur Erde im Tal des Vergessens, der *Lethe,* vergessen hat und der darum verborgen ist: Wahrheit, Weisheit, Weisung, Wegleitung, die auf Wiedererinnerung wartet. Und die sieht nun Joseph Ratzinger in Gestalt der Maria handeln als aufs Konkrete bezogene Wegweiserin (*„Hodigetria"*) und „synergetisch" Mitwirkende. Vorbildlich. *Sie* ist es, die bemerkt, dass die Menschen *„keinen Wein mehr haben"* (Joh 2,3) und so eine rettende *Geisterneuerung* (Wein!) „herbeiruft" (Hangler, S. 267)!

Sancta Maria, ora pro nobis … Nein, das „*orare*" ist keine schwächliche „Fürbitte" – es ist eine Erinnerung an etwas, das wir vergessen haben, an unseren Auftrag zu eigener „Mündigkeit" (lat. *os* = Mund). Zur Befreiung aus unserer Seinsvergessenheit.

War da nicht etwas?
„Du musst durch das Tal des Vergessens …"

Oh ja, und in merkwürdig doppeltem Sinn: Denn wer Marias Part im göttlichen Spiel entdecken will, muss sich nicht nur an Wesentliches *erinnern,* sondern – ganz bewusst – auch viel Hinderliches *vergessen:* Die ganzen gängigen Glaubensprogramme und Stereotypen nämlich, die Einschüchterungen durch das „Nichts als", die rationalistischen Abwertungen der „Herrlichkeit" Gottes als Schöpfung, Kreatur und Natur. Die muss er vergessen, um sich wieder an deren verborgene, mystische Dimension und Mitwirkung zu erinnern. Er muss den Ruf der göttlichen Weisheit hören und zum mitschöpferischen Partner, zum *Mitgestalter/Mitgestalterin* werden.

Die uranfängliche Weisheit, wie sie uns in den Sprüchen Salomons (Kap 8 und 9) als „Liebling" oder „Werkmeisterin", Mitgestalterin und „Urordnung" (G. v. Rad, S. 216) der Schöpfung, Wohnstatt Gottes geschildert, ruft, redet uns an, ermuntert zum Mitreden, lädt ein, sie und uns „wahr" zu nehmen als zur Ganzheit Gottes gehörig. Wenn wir ihr in der realen Existenz Raum geben, gibt auch sie uns *„Heimatgefühl in der Welt"* (v. Rad, S. 228).

Sophia/Maria, *„Heimat und Mitte"* (Teilhard, s. o.). Und immer wieder Vor-Bild und Aufforderung, *selbst* „Braut" zu werden, „Spielgefährtin", „Antwort": *„Ich muss MARIA sein und Gott aus mir gebären …"*

Denn das mystische Schöpfungs-Spiel der Bewusstwerdung des Göttlichen ist *„immerwährender Austausch"* (Ratzinger zit. n. Hangler S. 230) und will weitergehen: Zuerst nur Gott und die Weisheit (gr. *sophia,* hebr. *ruach),* das *„Hauchen der göttlichen Kraft und ein Strahl der Herrlichkeit des Allmächtigen"* (Weish 7,25), ihr Hauch als Leib aller Schöpfung.

Dann wecken Hauch und Strahl im Menschen Maria das Gewahrwerden des Christuslichts und den Impuls, es durchzutragen: Es zu halten, zu nähren, „Fleisch werden" zu lassen, mit am Gewebe des großen Ganzen zu arbeiten, wie die Maria auf dem Andachtsbild aus dem 14. Jh in Berlin Dahlem. (Abb. 10).

Und das Spiel geht weiter – vorausgesetzt wir *vergessen* alles schematisch Angelernte, Kirchenverstellte und öffnen uns für die je ureigene Erfahrung, kultivieren unseren „heiligen Sinn" für das spirituelle Leben. Immer wieder müssen wir *„durch die dreifach tiefen Wälder",* das *„Tal des Vergessens"* und *„das Wasser, das dich entledigt all dessen, was behindert ..."* Behindert in unserer offenen Wahrnehmung der schöpferischen Dynamik, in der alle unsere religiösen Bilder untereinander verbunden sind.

Abb. 10 und 11 (Andachtsbild, oberrheinisch, 14. Jh, Berlin Dahlem und griechische Ikone): Auf je verschiedene Weise ist dasselbe thematisiert: Auf dem oberrheinischen Andachtsbild sehen wir Maria als diejenige, die das Christuslicht in die Form eines leuchtenden Ovals eingeschrieben in sich trägt, auf der griechischen Ikone leuchtet der Nimbus des bereits geborenen Christus auf der Herzhöhe der „Regina Angelorum", Königin der Engel. Während sie in der traditionellen Form der Majestas, der Thronenden dargestellt ist, erscheint zwar auch die oberrheinische Maria sitzend innerhalb eines imposanten „Throngebäudes", ist aber zugleich Spinnerin des Purpurfadens, mit dem sie Diesseits und die „ander Welt" verbindet und ist im Ausdruck menschlicher und persönlicher.

19. Geist der Inkarnation, Wasser des Lebens

Aus den dreifach tiefen Wäldern meiner Mariensammlung kommt mir eine griechische Ikone entgegen: Ein thronende Madonna, Christus vor sich auf dem Schoß, sein von goldenem Schein umgebenes Köpfchen genau vor ihrer Herzgrube: Christuslicht, das sie in sich getragen hat und noch trägt. Kostbar gekleidete Engel erweisen den beiden, die zusammen mit dem kostbar ausgestatteten Thron Mitte und ruhende Einheit des Bildes bilden, die Ehre. *Regina Angelorum*, Königin der Engel, und *Sedes Sapientiae*, Sitz der Weisheit in drei metaphorischen Verwirklichungstufen: Thron, Maria, Christus. (Abb. 11)

Ich drehe die Karte um und sehe sie an meine Patentante adressiert – ja, es ist ihr seelsorgerlicher Begleiter, der ihr die *„Fülle des Gottesgeistes"* als Pfingstgruß schickt. Und schreibt: *„Ihren Pfingstgruß darf ich erwidern und Ihnen die Fülle des Gottesgeistes wünschen und erflehen. Sturmesbrausen und Feuerzungen, Tröster und Beistand, Glut und Lebensstrom sind mythische Termini. Pfingsten kann nicht anders denn in mythischer Sprache verkündet werden. Darum soll der Gottes-Geist sie in Ihrem Bemühen um den Mythos und seine Bedeutung für heute beflügeln".*

Am 17. Mai 1972 war das, damals war meine Tante 73, ich 27 und immer noch „gottlos" ... Meinen vier Wochen später geborenen Sohn ließ ich nicht taufen. Jetzt gibt es mir wieder einen Stich: Was für Gesprächsmöglichkeiten habe ich damals versäumt!

Aber vielleicht hatte ich andere Erfahrungen zu machen.

Jetzt jedenfalls weht mich der Wink aus einer „ander Welt" vielleicht genau zum richtigen Zeitpunkt an. Das Mythische ist überzeitlich. Was mich vor fast einem halben Jahrhundert hätte ermutigen können, wirkt auch jetzt, als befreiendes, pfingstliches Lebenswasser!

Denn Maria hat nicht nur ihren Sohn daran erinnert, dass die Menschen „keinen Wein mehr" haben, keinen „Gottesgeist". Sie war auch dabei, als *„die Fülle des Gottesgeistes"* über die Jünger hereinbrach (Apg 1,14). Auch von anderen Frauen ist dort die Rede. Maria aber sahen viele Künstler als Zentrum des Geschehens. Als zentrale Empfängerin und Vermittlerin der übermächtigen Geistkraft, sehen wir Maria häufig im Vordergrund des ungeheuren Geschehens dargestellt, auf welche göttliche Kraft herabkommt.

Abb. 12: Ausgießung des Heiligen Geistes, süddeutsch, um 1420, Sammlung Würth, Schwäbisch Hall, Jan Joest (1505-1508). Meisterlich und tief berührend ist hier die pfingstliche Geist-Erfahrung der Jüngerschar dargestellt, deren Mitte und Kristallisationsfigur Maria ist, ausgezeichnet durch die über sie herabkommende Taube. Was Maria schon in der „Verkündigung" Gewissheit wurde, erfährt sie nun zusammen mit den Jüngern noch einmal und in neuer Intensität: Die Wirklichkeit dessen, was sie alle dem Wesen nach sind. Wie verzaubert im Lauschen und erfüllt von staunendem Innewerden werden sie des Wunders gewahr.

Eines meiner allerliebsten Pfingstbilder hängt – wie die Holbein-Madonna des Basler Bürgermeisters Meyer zum Hasen – in der Johanniterkirche in Schwäbisch Hall. (Abb. 12)

Es war vielleicht der Seitenflügel eines verlorengegangenen Retabels, um 1420 datiert, der Maler ist nicht namentlich bekannt. Aber es muss ein geisterfüllter und marienfrommer Maler gewesen sein, denn die Darstellung ist von solcher Gefühlsdichte, das staunende Überwältigtsein der kleinen Gruppe so über die Maßen berührend, dass ich mich jedesmal fühle, als sei ich dabei ...

Und wenn ich Maria und die Gesichter der Jünger anschaue in ihrem fassungslosen Erkennen, kommt es mir vor, als wiederhole sich hier, was Maria einst allein bei der Verkündigung erfahren hat: *Alle* werden sie nun des göttlichen Wunders inne, das sie zu seiner Wohnung gemacht hat. Und weiße Rosen sind herabgeregnet in den bescheidenen Raum, gleichermaßen Symbole der göttlichen Weisheit und Mariens: Alles, jegliche Schöpfungsgestalt soll als Gleichnis aus göttlichem Ursprung erkannt werden. Die göttlich-weisheitliche Geistkraft, die Jesus zum Christus machte, kommt erneut auf Maria herab, inkarniert sich in der „Materie". Und wird nicht nur erfahren von der kleinen „erwählten" Gemeinde (*ecclesiastes*), die sich versammelt hat, sondern das gewaltige Brausen wird auch von „der Menge" gehört – vom „Volk", den Laien, den „Anawim", einfachen Leuten. „*Bestürzt*" und „*entsetzt*" laufen sie zusammen und das Reden der Apostel wird in allen Sprachen des Vielvölkergemischs vernommen (Apg 1, 5-13), von allen sozialen Schichten.

Damit erzählt der biblische Mythos von der Wirkung einer neuartigen Geist-Inkarnation in der *gesamten* Menschheit, in der *ganzen* Schöpfungs-Gemeinschaft – deren Gleichnis als Einzelfigur wiederum Maria ist. Wie aber sollte sich das neue Bewusstsein, der Christusgeist verwirklichen ohne die Aufnahmefähigkeit der leiblichen Präsenz, das Wort ohne Antwort der Schöpfung? Immer braucht es dazu zwei Pole, zwischen denen Energie fließt, in welchen archetypischen Bildern man sie auch imaginiert. Sie gehören untrennbar zusammen in schöpferischer Dynamik: „*Das Wirkliche kann nicht aus dem Körperlichen herausgetrennt werden – es ist tatsächlich nicht ohne Materie, auch wenn es nicht nur Materie ist.*" (Panikkar, *Weisheit, 112*)

Es ist eine Verfallserscheinung der Religionen, wenn sie Seele und materielle Existenz auf ein „Nichts-als" reduzieren und dem „Biologischen", Materiellen die Gottdurchwirktheit absprechen. Was wäre der Geist ohne Menschen, die zur mythischen Wahrnehmung fähig sind? Ohne Menschen, deren Körper und Seelen spannungstragender innerer Kohärenz fähig sind, um ahnend die Polarität (nicht Dualität!) der *ganzen* Wirklichkeit „zusammen zu lesen" (lat. *intellegere)*?

Die Beziehung Christus/Maria erzählt von solcher nicht-dualistischen Polarität, die eine integrale Einheit und Ganzheit bildet. Und so zu einer befreiten Religiosität, die ihren Wirkungsmittelpunkt *im Menschen* hat, der immer auch Leib ist, Materie. Das darf nicht *übersprungen* werden: *„Die großzügige Trennung von Biologie und Theologie lässt nämlich genau den Menschen aus ..."* (Ratzinger, zit. n. Hangler, S. 131)

Wir sollten uns nicht zufriedengeben mit unserer Gefangenschaft in einer kulturellen Überformung durch die dualistische Gewohnheit, das Zusammengehörige in starre Einzelbilder aufzuspalten. Diese Gewohnheit ist uns zur Zwangsjacke geworden, die unsere Individuation, unsere geistige Mündigkeit verhindert. Darum müssten wir tatsächlich in ein gründliches Reinigungsbad eintauchen, in der wir die dicke Schicht dieser Konditionierungen abwaschen. Und zugleich eine neue Taufe empfangen, die uns zum nichtdualistischen Schauen befähigt.

Ja, *„du musst durch das Wasser, das dich entledigt ..."*

Mir gefällt diese Bild des Eintauchens und Abwaschens ungemein. Zu allen Zeiten und in allen Kulturen galt das Wasser als erneuerndes Element. Wasser verflüssigt, Wasser reinigt, Wasser löst Allzufestes auf, Wasser entledigt die Seele von Zwang und Anstrengung trennscharfer Strukturierung, erlöst uns von normierten Ordnungen, von vorgefassten Urteilen und Meinungen. Wasser erlaubt ein anderes Körpergefühl. Wenn wir tauchen, fühlen wir uns nahezu schwerelos, eins mit dem umgebenden Element, erleben die Stille einer anderen Dimension, verlieren die Angst vor dem Bodenlosen. Eine phantastische Wirklichkeit, die doch unmittelbar „wahr" ist, tut sich auf: ungeahnte Perspektiven, Bilder wie aus einer anderen Welt.

Wasser steht von alters her für diese „ander Welt", und die Maria auf meinem geliebten Pfingstbild trägt ein in vielen Blautönen changierendes, fließendes Gewand: Blau steht für die Seele, für den ewig-bewegten Lebensstrom, in dem wir leben, uns bewegen und sind und uns unablässig erneuern, von Innen und Außen umwogt: Wir können dazwischen keine festen Grenzen ziehen, wie auch nicht zwischen Seele und Geist in ihrer Beziehung zum Körper, zur Materie: Die Wissenschaft der letzten 3 Jahrhunderte hat das noch geglaubt – nun muss sie erkennen, was Mystiker aller Zeiten erkannt haben: Dass alles mit allem in bewegter Verbindung und Wechselbeziehung strömt, Widerstände umspielt, bisweilen perlend aufschäumt, Wirbel bildet, weiterfließt: Immer dasselbe und doch nie dasselbe, allaugenblicklich.

Auch was wir für „Materie", für stoffliche Stabilität halten, „besteht" in unablässig pulsierender Erneuerung – und aus ihr selbst geht unablässig pulsierende Erneuerung hervor. Schöpfung findet allaugenblicklich, in jedem „Moment" (lat. *movere* = bewegen!) statt, im Kosmos, in unserer raumzeitlich wahrgenommenen Alltagswelt, im unbewussten Hintergrund, in der Imagination, im Bewusstsein, im Geist ... Alles im Fluss, unsere Bilder, wir selbst sind Wirbel im Fluss des Lebens, im Zusammenspiel mit anderen, und als schöpferische Mitwirkende am göttlichen Spiel entlassen wir immer neue Wirbel aus uns, und das gilt es zu sehen: Auch die christliche Dreieinigkeit ist solch ein Wirbel, Maria und das Christuskind sind ein Wirbel, untrennbar miteinander verbunden in schöpferischem Austausch, wie es in einer marianischen Abendantiphon zur Adventszeit gesungen wird: *„Du hast geboren, der Natur zum Staunen, deinen heiligen Schöpfer ..."*

Die ewige Weisheit spielt ihr Spiel mit sich selbst als Wort und Hauch, Mutter und Sohn, Mythos und Logos, Geist und Materie. In der griechischen Ikonentradition tragen Christusbilder oft die Inschrift „Sophia". Und die Darstellung der „Majestas Domini" durch Christus, kann, wie in der Hagia Sophia zu Konstantinopel, durch die Thronende Sophia oder durchaus auch durch eine Thronende Madonna dargestellt sein.

Wer also wirklich Marias Bedeutung erkennen will, muss zuvor durch das *„Wasser, das uns von allem* (Vorgefassten) *entledigt".*

In der Praxis bedeutet das: Um frei zu werden von der herrschende
nDeutungshoheit, brauchen wir *Erlaubnis*. Wir brauchen die Taufe mit
dem Wasser unserer tiefsten imaginativen Weisheitskräfte, aus der Intuition, der *„Quelle aller Quellen"* – ein alter Titel, ein Bild, das Weisheit und
Maria gemeinsam haben.

Maria mit dem Christuskind als *„Quelle der Quellen"* (Abb. 13): In der
kleinen, intimen griechisch-orthodoxen Kirche in dem Athener Vorort,
in dem meine Schwester seit über 40 Jahren lebt, kommen die Frauen
vor oder nach dem Einkaufen täglich zur Maria, um ihr eine Kerze
anzuzünden. Ihre Ikone ist die der *„Zoodochos pigi"*, der lebenspen-
denden Quelle, die ewig fließt, und sie ist mit ihrem Kind dargestellt
in einer Brunnenschale. Auch im Männerkloster auf dem Berg Athos,
das Maria geweiht ist, wird sie in dieser Gestalt verehrt und in zahllosen Dorfkirchen. Ihre Ikone kleidet einen uralten Mythos, viel älter als
der christliche, in ein bildliches Gewand. Ein Bild, in dem all die wir-
belnden Assoziationen, die in den imaginativen Tiefenschichten aufgerufen werden, zur Ruhe kommen in eine stille Selbstverständlichkeit.

Die Grundprinzipien der Darstellung der *„Zoodochos pigi"* (*zoe =
Leben, docheion = Gefäß, pigi = Quelle*) sind immer diesselben: Die *Theo-
tokos* (Gottesgebärerin) als majestätische Thronende in frontaler Ansicht
mit dem Christus-Kindkönig vor sich, in einer kelchförmigen Brunnenschale, die sich über einem tiefer gelegenen Becken erhebt. Von dort aus
fließt das Lebenswasser in ein tieferliegendes Brunnenbecken, aus dem
die Gläubigen schöpfen. Kelchschale, Gottesmutter und Kind bilden eine
Symboleinheit, vor der alles real-analytische Fragen verstummt. Denn das
Mythische, Symbolische ist integratives Gleichnis und öffnet den Horizont zur „ander Welt". Wer Mythos und Sinnbild zum Objekt rationaler Analyse macht, zerstört sie. Nur die von „heiligem Sinn" getragene
Anschauung erspürt das Geheimnis.

Darum werden die Ikonen der Ostkirche nach den immer gleichen
Vorlagen gemalt, nach alter Malrezeptur. Und es gehört eine bestimmte
geistige Haltung dazu, ein „heiliger Sinn" eben, der den nötigen meditativen Raum schafft.

Abb. 13: Pananghia Zoodochos Pigi, Gefäß der Lebensquelle, zeitgenössische griechische Ikone von Giola Triantafilliá. Diese Darstellung der Maria als „Quelle der Quellen" ist in der Ostkirche beheimatet als Symbol des stetig sich erneuernden Lebens. Das Grundprinzip der Darstellung ist immer gleich: In einer kelchförmigen Brunnenschale thront die Gottesmutter mit dem Kind, darunter ein tieferliegendes Becken, in welches sich das Wasser des Lebens ergießt und aus dem die Gläubigen schöpfen können. Wasser ist von alters her Symbol des Geistes in stofflicher Form. Kelchschale (docheion, Gefäß), Gottesmutter (pigi, Quelle) und Kind (zoe, Leben) bilden eine komplexe, untrennbar verschränkte Symboleinheit, in der keine Gestalt von der anderen isoliert gesehen werden darf: allein intuitive Andacht kann sie schauend nachempfinden.

Im Haus meiner Schwester lebt eine Ikonenmalerin. Sie hat für mich eine von ihr gemalte Ikone der „Quelle der Quellen" kopiert – ein großes Geschenk. Zuvor aber hat sie sich genauestens über meine Motivation, meine Haltung dazu erkundigt – eine echt marianische Hüterin des Heiligen ...

Christus/Maria – Maria/Christus: Und schon wieder dreht sich mein Kaleidoskop und erzeugt einen neuen Wirbel:

Wieder einmal eine Postkarte, just eingeflogen in meinen Briefkasten. Wie wunderbar, aufmerksame Freundinnen zu haben, die mich mit ihren Entdeckungen beschenken! Was mich diesmal erreichte, war ein *tanzendes* Christuskind. Nur einmal hatte ich bisher ein so freies, so tänzerisches Kind gesehen: In Heiligkreuztal, in der Marienkapelle im Klostergarten (Abb. 14/15)

Damals hatte ich vergeblich nachgefragt, woher die Figur stammt: Keiner war zuständig und ich gab bald auf. Ich muss ja nichts „wissenschaftlich" einordnen: Die Anmutung genügte mir. Und Anmut und Liebreiz (gr. *charis;* christlich *„Gnade")* ging in Fülle von Mutter und Kind aus! Keine *„entwirklichte Gnade"* (Ratzinger, 26) die auf die Negation der Schöpfung und Alleinwirksamkeit Gottes hinausläuft und die physische Erscheinungswelt *„zum Mummenschanz macht"*, sondern der immerneu zu erzählende Mythos von der Möglichkeit tanzender, schöpferischer Erkenntnis des Seins, der aus dem tragenden, haltenden Grund leiblich-sinnlicher Verwurzelung im Seienden als tiefem Geheimnis hervorgeht!

Abb. 14 und 15: Maria aus der Kapelle des Klosters Heiligkreuztal und Madonna des Hans Zürn d. Ä. 1623, Pfarrkirche St Gallus und Ulrich, Kißleg. Das „tanzende Jesuskind" als Symbol völliger Freiheit und „Ent-bindung" von eingeschränkten Glaubensvorstellungen. Wo der Mensch auch das Leiblich-Irdische als Geistiges erkannt hat und sich in diesem Wissen verwurzelt als in einer Wertschätzung auch des konkret Gegebenen, entsteht erst ein freies Zusammenspiel von Leib und Geist, physischer Erscheinungswelt und Intuition für den schöpferischen „Kairos", für das, was im Augenblick sich an Neuem entbindet auf der Grundlage der menschlichen Existenz in seiner Vollständigkeit. Die Trennung zwischen „Eigentlichem" (symbolisiert durch Christus) und „Uneigentlichem" (symbolisiert durch Maria) ist aufgehoben und macht alle Daseinsebenen der Schöpfung zum spirituellen Raum der Erfahrung. Alles ist „Gottes Antlitz", in allem spiegelt sich göttliche Weisheitskraft (Weish 7,26, der Spiegel in der Hand des Putto an der Konsole der Kißlegger Madonna).

20. Verwurzelung im Geheimnis von Geist und Leib

Auf diese Verwurzelung im Geheimnis der kreativen Integration von Geist und Leib kommt es an. Wir alle sind „Gottes und Marien Sohn", Kinder des Himmels und der Erde, der sinnlich-weisheitlichen Gestaltungskraft, die den Menschen liebt und zur Erkenntnis ihrer Wahrheit aufruft. Die Gnade hat Gestalt, Leib und Gesicht und wir begegnen ihr mit jedem neuen Morgen neu in dem, was uns umgibt, ob Mensch, ob Ereignis, ob Technik, Kunst oder Natur. *Alles* ist „Gottes Antlitz", alles zu preisendes Wunder.

Der Physis und ihren Erscheinungen wohnt eine eigentümliche Weisheit inne, von welcher die christlich verbreitete Gespaltenheit nichts mehr weiß. Wäre ihre allesdurchdringende und kreative Dynamik bewusst, könnte man sie niemals als das „Uneigentliche" gegenüber dem „Eigentlichen" (dem Christusbewusstsein etwa) abwerten. Sie hat eigene, „eigentliche" Substanz. Ohne Physis kein Christusbewusstsein!

Spontan fällt mir der Physiker Stephen Hawkins ein, 1942 geboren. Mit 22 stellte man bei ihm eine das motorische Nervensystem lähmende Krankheit fest und prognostizierte eine kurze Lebenszeit. Heute ist er 74, körperlich beklagenswert reduziert und auf jede Menge menschlicher und technischer Hilfen angewiesen. Aber er lebt – und denkt, setzt neue wissenschaftliche Reime in die Welt, und ist ein lebendes Beispiel dafür, dass der Impuls zu neuer Erkenntnis eine physische Basis braucht, und sei sie noch so leidvoll „normaler" Funktionen beraubt. Unablässig gebiert diese körperlich aufs Äußerste eingeschränkte Existenz immer noch tanzende Gedanken und Bewusstseinsimpulse – ob man mit ihnen einverstanden ist oder nicht. So ist auch der Agnostiker Stephen Hawkins, im Bild des christlichen Mythos gesprochen, Gottes und Marien Sohn, ob das nun in seine Weltanschauung passt oder nicht.

„Gottes und Marien Sohn" sind auch alle unsere Inspirationen, Zeichen, Erkenntnisse, Kairos-Momente, in denen man etwas spürt, was der Jesuit und Mystiker Jean-Pierre Caussade (1675-1751) das *Sakrament des Augenblicks* genannt hat. Ein Moment des freudevollen Einsseins mit dem, was ist, Einklang mit dem, was sich gerade zeigt und dem Urgrund, aus dem man es aufleuchten spürt. Im Bewusstsein, dass darin die ganze Fülle des Lebens focussiert ist im Gegenwärtigen, sei es äußerlich gesehen noch so unscheinbar. JETZT wird es geboren, JETZT leuchtet es, JETZT erhellt es das ganze Leben mit Sinn – JETZT tanzt es vorbei, frisch und neu, der „spielende Logos" (Gregor von Nazianz) Punkt Alpha und Omega in einem, erfahrbar durch unsere physische Präsenz und sinnengeschärfte Aufmerksamkeit im Augenblick, für einen Wimpernschlag – gehalten von einer Kraft im Hintergrund, die Gestaltung ermöglicht. Und dieses JETZT manifestiert sich in der Überraschung durch die sinnen-und sinnzentrierte Wahrnehmung dessen, was sich JETZT gerade zeigt, als *etwas Funkelnagelneues ... etwas das von innen kommt, von dem ich selbst nicht weiß, wie es sich verwirklichen wird. Auf dieser Ebene gibt es kein Libretto ..."*, schreibt Raimon Panikkar in seinem Buch „Der Weisheit eine Wohnung bereiten" (S. 124)

Jeder dieser Momente ohne Libretto ist „Gottes und Marien Sohn" und will auf individuelle Weise erkannt und verwirklicht, „zur Welt gebracht" werde, ohne Berechnung, ohne Ergebnisfixierung – aber wer traut sich schon so etwas im alltäglichen Leben?

Oh Maria hilf ...!

Und sie hilft, indem sie uns entlastet von dem Gedanken, so etwas sei ja doch nur durch eine plötzliche „Erleuchtung" möglich (*„allein durch die Gnade ..."*, als dieses direkte „Hineinspringen" – man könne gar nichts dazu tun (*„allein durch den Glauben ..."*). Aber in der Regel braucht es eben Zeit, Reifezeit, bis wir *bereit* sind dafür, „ohne Libretto" zu leben. Die Erfahrung zeigt, dass es einen Raum braucht zur Einübung ins Vertrauen, in dem die psychische und geistige Kraft reifen kann, sich einzulassen auf das Abenteuer, ohne vorgefertigte Konzepte zu leben. Davon spricht auch Raimon Panikkar, von der *„Einübung in eine echte Spiritualität"*, welche *„die Erfahrung einer Wirklichkeit, die noch nicht gemacht worden ist, die nicht von einem fertigen Menschenbild oder einer apriorischen Weltanschauung abhängt"*, ermöglicht. (Weisheit S. 86)

Das ist das Geheimnis: Der spielende, tanzende *kairos* muss durch einen seelischen, praktisch auch zeitlichen und konkreten Raum *gehalten* werden, von einer mütterlichen Kraft, sensibel unterstützt, aber nicht eingeengt – ist es das, was mich angesichts der Marienbilder mit den tänzerischen Jesuskindern so befreiend berührt? *„Ent-bindung"*, nicht Rück-bindung (von lat. *religare* = *wiederverbinden* oder *religere* = *sorgfältig beachten*) nennt Panikkar wahres Religionsverständnis.

Panikkar, der Religion als „Entbindung" versteht, lebte über lange Zeiträume als Eremit, wusste durchaus von der Notwendigkeit der meditativen Rückbindungsräume, welche diese Ent-bindung ermöglichen: christlichen, hinduistische, buddhistische. Wir finden sie in allen mystischen Traditionen, als Einübung einer seelischen *Haltung* des Empfangens und Bereitseins, ein sorgfältiges, achtsames Kultivieren des „heiligen Sinns". Das ist der genuin „marianische" Part im spirituellen Erfahrungsprozess. Und alle Übungspraktiken setzen dabei an erste Stelle eine bedingungslose bejahende Haltung dessen was geschieht. Im Zentrum der christlichen Erneuerung ist dies die marianische Ant-wort, das „*Fiat*" der Maria: „*Es möge sein, es möge werden*".

Besonders für den westlich geprägten Menschen auf dem Wege zur Individuation ist ein solcher bejahender „Übungsraum" auch als ureigener Reflexionsraum unverzichtbar. Wörtlich genommen wird in dieser Reflexion etwas immer wieder zurückgebogen, zurückgespiegelt, ein Gefühl, ein Gedanke „im Herzen bewahrt" (was Marias Stärke ist) und „wiedergekäut". Dieses reflektierende Wiederkäuen, das geradezu aufreizend Assoziationen von Leiblichkeit und Verdauungsprozessen hervorruft, nennt die Mönchssprache „*ruminatio*". Sie gilt als unentbehrliche Voraussetzung zur realen Aneignung einer Erkenntnis, durch den diese „inkarniert" wird, also buchstäblich in Fleisch und Blut übergeht. Daran ist nichts überholt. So schreibt C. G. Jung in seinen Vorträgen zu „Psychologie und Religion": „*Ich glaube in der Tat, dass Erfahrung ohne reflektierende Überlegung gar nicht möglich ist, weil ‚Erfahrung' ein Assimilisationsprozess ist, ohne welchen es überhaupt kein Verstehen gibt.*" (S. 11)

Viele zeitgenössische Erleuchtungssüchtige vergessen das und hoffen auf Tricks, irgendwie direkt ins innerste Geheimnis zu springen, den konkreten „Inkarnierungsraum" zu über-springen.

Doch ohne Raum, etwas „in seinem Herzen zu bewahren" – und das heißt auch, es sich langsam über die Affektebene (Herz!) anzueignen, ohne das marianisch Inkarnierende – kein Christus. Auch der jeder „Psychologisierung" unverdächtige Ratzinger legt darauf Gewicht, wenn er sagt, dass der „*Logos*" (Christus) „*erst durch das Marianische*" auch „*im affek-*

tiven Bereich" gegründet und wirklich inkarniert werden kann (vgl. Hangler, S. 168)

Ohne Maria kein Christus, das heißt also: Ohne Raum für Reflexion und seelische Bereitschaft, die Dinge affektiv im Symbolbildlichen zu gründen (Sinnbild Maria) kein neues Bewusstsein, kein das Gewohnte überschreitender Sinn (Sinnbild Christus).

Oder: Ohne „heiligen Sinn" für das symbolische Leben (Maria) keine Ent-bindung in eine gewandelte Wahrnehmung (Christus). Oder: Ohne Übung einer gesammelten Bereitschaft für Mögliches (Maria), kein Manifestwerden dieses Möglichen (Christus).

Oder: Ohne Raum gründlicher Erfahrungs-Reflexion keine Individuation.

Alle meditativen Disziplinen der Welt bilden einen haltenden Raum der Vorbereitung und Ermöglichung der „Gottesgeburt". Niemals also kann ich Maria und Christus auseinanderrechnen. Auch wenn Christus als kosmischer Christus die präexistente Schöpferkraft meint, braucht es dennoch eine geistig-seelischen „Fassung" und eines Leibes, damit er sich von Augenblick zu Augenblick neu inkarnieren kann. Und letztlich: Alle persönliche Integration eines geistigen Neuen ist „Gottes und Marien Sohn".

Ja, ich weiß: Woher kommt Maria die „Eingebung", ihr *„Fiat"* zu sprechen, woher kommt die Bewusstwerdung dessen, was sie dem Wesen nach ist und in sich austrage, wachsen, reifen lassen soll? War es nicht *vor* ihr da?

Aber was sind unsere Vorher-Nachher-Kategorien, was ist Zeit?

Mystische Erfahrung, symbolisches Leben kennt keine Zeit. Das uranfängliche Wort (Ikone Gott, Christus) und die uranfängliche, schöpfungsgestaltende Urordnung (Ikone Weisheit, Sophia) umfassen bereits jenen Mythos des schöpferischen Wechselspiels, dessen nichtdualistische Polarität uns trotz allen Theo-Logeleien stets ein Mysterium bleiben wird. Und weder Sophia noch Maria würden sich deshalb die Köpfe zermartern: Tanzend und singend spielen sie ihre schöpferischen Rollen weiter, und versuchen, neue Schönheit, Freude, Anmut und Leichtigkeit in die seelisch vertrocknete Glaubenslandschaft zu bringen. Und neuen Sinn für das symbolische Leben und die immanente Göttlichkeit und Würde der *Schöp-*

fung. Auch sie wurde ja durch den Hauch des anfänglichen Wortes mit göttlichem Leben erfüllt – bis ins Mittelalter hat man noch von der Heiligkeit der *physis ton onton,* vom organischen Walten und Wesen des Seienden gewusst, in die Mensch, Natur und Kosmos einbezogen sind in ungeteilter Einheit und Lebendigkeit – woher soll es denn sein, wenn nicht aus dem göttlichen Ursprung, der uns zuruft: *„Chaire", „Freue dich Maria!"*

In Paul Gerhards wunderbaren Hymnus an die Schönheit der gottdurchwirkten Schöpfung *„Geh aus mein Herz und suche Freud"* (kein Kreuzesleid!) heißt es: *„Mach in mir Deinem Geiste Raum, dass ich dir werd ein guter Baum und lass mich Wurzel treiben"* ...

Mein Blick schweift noch einmal zu der Madonna des Hans Zürn aus Kissleg, zu dem kleinen Engel an ihrer Konsole. Er hält einen Spiegel: *„Spiegel der Gerechtigkeit"* (Lauretanische Litanei), zugleich Spiegel der Weisheit, *„Spiegel der göttlichen Kraft"* (Weish 7,26). Was er spiegelt ist *Maria als Urbild* in dem *„das tiefste Geheimnis der Schöpfung offenbart ist"* (K. Koch, 2015, Hangler S. 13).

Ist unser Spiegel dafür blind geworden? Der Mensch mit seinem „rechnenden Denken" hat auseinandergerissen, was ursprünglich zusammengehörte: Die kreative Einheit und Lebendigkeit des gesamten Seins, Weisheit und Schöpfung, Gott und Natur. Er hat die Natur zum Objekt gemacht, zur verfügbaren Masse verdunkelt. Er hat ihre „Herrlichkeit" als Manifestation göttlicher Selbstoffenbarung in der Welt vergessen, hat vergessen, dass er selbst *„Gottes und Marien Sohn"* ist. Und hat sich dadurch selbst seiner Verwurzelung in der immerwährenden Beziehung von tragendem Grund und entbundener, geistiger Freiheit beraubt. Er hat sein rechnendes Kalkül über alles gelegt, weshalb dann die große Grübelei über seine „Rechtfertigung vor Gott" losging. Noch immer vergeuden wir unsere Zeit damit, uns in die Zwangsjacke dieser heilssüchtigen Ego-Manie zu fesseln, anstatt durch das Wasser zu gehen, das uns entledigt, entbindet, die Augen öffnet für die Herrlichkeit der universalen schöpferischen Lebendigkeit, die es allüberall und allaugenblicklich zu entdecken gilt! Ist es Zufall, dass im Englischen *light* sowohl „Licht" wie auch „leicht" bedeuten kann?

Leicht müssen wir werden, damit uns ein Licht aufgeht!

Einen Lichtkreis der allseitigen Bezogenheit müssen wir bilden. damit sie uns wieder erscheinen kann, Maria, *„die Herrliche"*, müssen selber *durchscheinend* werden für den Glanz, der alle Schöpfung von innen her belebt und erleuchtet, nachdem wir all die gewohnheits-und kirchenverstellten Überlagerungen beiseite geräumt haben. Einen offenen Raum schaffen für die *eigene Anschauung*.

Abb. 16: Verkündigung (12. Jh) an einem Kapitell der Abbatiale Saint-Austremoine (Puy de Dome). Wir sehen Maria hier in allergrößter Freiheit gegenüber dem Mysterium, dessen sie soeben innegeworden ist. Mit ihrer freudig-staunenden Öffnung gegenüber dem Unfassbaren kann sie für den westlichen Betrachter den zur Hingabe an das Göttliche vorbehaltlos bereiten Menschen symbolisieren, der das Licht des Geistes als ihm einwohnenden Wesensgrund erkennt und bereit ist, es „zur Welt zu bringen" (Apg 17,29). Dass in Maria dieses Aufnehmen und Erkennen im Herzen stattgefunden hat, zeigt die goldene Blüte in Herzhöhe, die Christus selbst symbolisiert. Die Art der Darstellung ist eine Rarität, denn in dieser besonderen Haltung mit ausgebreiteten Armen (mit oder ohne Christusmedaillon über dem Herzen) wird Maria im Westen kaum dargestellt. Die Ostkirche hingegen verehrt in diesem Bildtypus seit dem 6. Jahrhundert Maria als Urbild der „Panagia Platytera ton Ouranon." Nur weil sie „Weiter als der Himmel" ist, wie es bei Chrysologos (5. Jh) heißt, also von unvorstellbar größerem, weiterem Wesen als alles menschlich Bekannte, konnte sie „Mutter ihres Schöpfers" werden, „Raum Gottes, den der Raum nicht zu fassen vermag ..." (Hymnos Akathistos)

TEIL V

21. Raum für das schauende Leben

Offene Anschauung, wörtlich genommen. Zu Schauenden, zu Seherinnen und Sehern müssen wir werden, wenn sich unsere Wahrnehmung von Gott, Mensch und Welt ändern soll. Wir brauchen eine Revitalisierung des Schauenkönnens, müssen dringend wieder *„das Sehen lernen"* (Jung), denn *„jeder Sehende ist ein neuer Priester, ein neuer Mittler, ein neues Organ"* (Schleiermacher, Reden S. 36) für eine neue religiöse Vision, wie sie Schleiermacher schon 1799 den Gebildeten unter den Religionsverächtern feurig ans Herz legte.

Zu meinen größten Marienschätzen gehört eine schon etwas blaustichig gewordene Postkarte, die ich vor vielen Jahren in der prächtigen Klosterkirche von Issoire erworben habe. Sie zeigt an einem Kapitell Maria als schauende Adorantin, die gerade die Botschaft erhalten hat, „Mutter Gottes" zu werden (Abb. 16).

Ihre ganze Haltung, ihr Ausdruck ist von einer unbeschreiblichen Mischung aus geradezu kindlich offenem Staunen und Freude geprägt. Von der Ecke des Kapitells her (die im 12.Jh Figuren vorbehalten sind, die ein besonderes Geheimnis in sich tragen) wirft sie sich wie von einem Schiffsbug aus dem überwältigenden Ereignis entgegen, ohne die geringste Furcht oder Abwehr, die wir so oft in Verkündigungsszenen finden. Sie schaut eine Weite, die nicht zu fassen ist, ihr Blick scheint mit etwas in Kontakt gekommen zu sein, das sich unserer Wahrnehmung entzieht, von dem sie jedoch völlig durchdrungen ist. Die Gruppierung der Szene deutet an, dass zwischen ihr und dem Boten des Ungeheuren bereits alles gesagt ist, und die freundlich gelassenen Züge des Engels zeigen, dass er weiß, was Maria nun sieht, aber er ist bereits damit vertraut, während Maria plötzlich etwas wahrnimmt, was sie nie für möglich gehalten hat. Doch jetzt schaut sie es, wird davon angeschaut: Es ist der Moment einer alles wandelnden Erkenntnis.

Und noch einmal denke ich an Paul Gerhard (1607-1651): *„Mach in mir deinem Geiste Raum"*, im vorletzten Vers seines ganz der Sebstoffenbarung von Gottes Herrlichkeit in den Wundern der Schöpfung gewidmeten Lieds *„Geh aus mein Herz, und suche Freud"*, das zu den schönsten der wahrlich nicht armen evangelischen Liedkunst gehört. Fünfzehn Verse hat es, und man möchte keinen auslassen, mit soviel Wärme und Inspiration wird darin die eigene Imagination der Schöpfungsoffenbarung belebt. Immer hat es zu meinen Lieblingsliedern gehört. Dieser Imaginations*raum* des Aufnehmens und Schauens: Fragt man sich in den theologischen Feindeuteleien heute noch, was nötig ist, um diesen göttlichen Geist und *„Sinn und Geschmack fürs Unendliche"* (Schleiermacher, Reden, S. 30) darin „einzubilden", zu kultivieren?

Und wer anders als Maria ist der Symbolraum für dieses Neu-Sehen-Können, Neu-Erfahren, Raum für ein erwachtes Bewusstsein für das, was auch der Mensch ist: *Raum Gottes*, in äußerster Begrenztheit angeschlossen an das Unbegrenzte.

Hier in Issoire können wir das fast körperlich nachspüren. Wir *hören* geradezu das Sturmesbrausen der Engelsflügel, das Brausen, mit dem der Pfingstgeist später nicht nur die versammelten Jünger in heiligen Schrecken versetzen wird, und auch dieses Hören ist ein Schauen. Denn schon immer war das Schauen nicht nur ein bildvisionärer Akt, sondern erfasste den Menschen auf allen Empfindungsebenen, damit sich der Raum öffnet für eine neue Sichtweise, die das Hergebrachte übersteigt.

Die Maria von Issoire kann ich nicht anschauen, ohne dass ich diese Freude, herzweitende Daseinsfreude, unmittelbar nachzuspüren glaube: Dieses *„Freude, Daseinsfreude, das heißt: Ich habe Raum in mir"*, (Peter Handke in „Gestern unterwegs", S. 185). Und ich wünschte mir, die Kirchen würden sich wieder stärker auf diese große Aufgabe besinnen: Räume, Wachstumsräume für das Schauen und Ein-bilden des Heiligen zu gestalten. „Marianische" Räume in denen das Heilige Wohnung finden kann, ohne Nutzdenken, einzig um göttliche Schöpfung zu würdigen und erfülltes Menschsein zu ermöglichen.

In der Imagination durchquere ich noch einmal die dreifach tiefen Wälder, das Tal des Vergessens, das Wasser, das mich von allem Vorgefassten entledigt.

Welcher Art wird die Lichtung sein?

Was erscheint in der Schau der schwedischen Visionärin Hedwig Fornander (vgl. Kap. 11) nach diesen dreifachen Initiationsstationen?

Sieh da, da ist sie, die Herrliche
schöner als je
erstrahlend im Glanz ihres Volkes
im Lichtkreis, der aus Menschen besteht
dich grüßend
sie, der du gehörst.

Maria im Lichtraum aus Menschen, die auf sie bezogen sind. Integrativer Resonanzraum des Göttlichen und Ikone der personalen Wegweiserin,
„weiblicher Genius" (Papst Franziskus), Seelengeleiterin, die ins Transpersonale führt: Die Funkelsteinchen dieses marianisch-sophianischen Kaleidoskops sind nicht zum Festkleben da. Der visionäre russische Mystiker
Wladimir Sergejewitsch Solowjew (1853-1900) sah in Sophia die *„intel-*
ligible Gesamtseele der Menschheit, der vielen Iche oder Selbste ..., die all-ei-
nige Menschheit oder die Seele der Welt", wie ihn Thomas Schipflinger in
seinem faszinierenden Werk über die Zusammengehörigkeit von *„Soph-*
ia-Maria" zitierte (S. 169). In Maria hat sich Sophia inkarniert – lebendiges Zentrum, Glanz der Schöpfung, der Menschheit als sichtbare Herrlichkeit Gottes.

Ja, Glanz und Mitte der Schöpfung – und zwar der *ganzen* Schöpfung
– ich muss gestehen, dass mir in der doch etwas pathetischen Vision der
Schwedin etwas fehlt: Unbedingt möchte ich in diesem Lichtkreis auch
Hunde, Katzen, Schweine und Ziegen und anderes Getier sehen, Apfel-
bäume, Brombeeren, Salatköpfe, Löwenzahn und was wir so „Unkraut"
nennen!

Käme es nicht darauf an, dass wir endlich dies *alles* als zur „Herrlichkeit
Gottes" gehörig würdig erachten, pflegen und preisen könnten?

„Herrlichkeit Gottes" – so viel ich aus meiner protestantischen Vergangenheit weiß, dürfen wir dies erst in einem entrückten Jenseits erleben, wenn wir dieses irdische Jammertal hinter uns gelassen haben. Was
für eine Herausforderung also, Schöpfung und Menschheit als solche zu
schauen, zu würdigen, zu pflegen!

Längst überfällig – aber es scheint durchaus auch theologisch-dogmatische Fundamente zu geben – in der katholischen Kirche jedenfalls, für die sich meine Patentante entschieden hatte: In einem 1991 erschienenen Buch, in dem der Physiker Fritjof Capra, der Benediktiner David Steindl-Rast und der Kamaldulenser Mönch Thomas Matus über eine erhoffte „*Wendezeit im Christentum*" diskutierten, findet sich zum Thema „Herrlichkeit" (gr. *doxa*) ein Beitrag von David Steindl-Rast, den ich mir bei den Vorarbeiten zu meinem letzten Buch auf einen Zettel geschrieben hatte, und gestern „zufällig" (…) als Buchzeichen wiederfand. Steindl-Rasts Worte:

> *Wir neigen dazu, Herrlichkeit als Pomp und Zeremoniell irgendeines über uns thronenden patriarchalischen und hierarchischen Gotte aufzufassen. Wir müssen zu der Zeit zurückkehren, zu der sich diese falsche Auffassung noch nicht eingeschlichen hatte. Als das Griechische noch die offizielle Sprache der Kirche war, erhielten wir auf die Frage „Was ist die Herrlichkeit Gottes?" folgende Antwort: „Die Herrlichkeit Gottes ist der in seiner ganzen Fülle lebendige Mensch." Das ist die früheste theologische Antwort.* (S. 211)

„*Der in seiner ganzen Fülle lebendige Mensch*" ist aber nur wirklich „in seiner Fülle lebendig", wenn er seine gesamte „*Mitwelt*" in sein Schauen und Sorgen miteinbezieht: Lebendigkeit als Fülle der seelisch-geistigen *Beziehung in der Einheit von Gott, Mensch und Schöpfung*, inklusive der *Verantwortung* für sie! Und die Kraft dazu beziehen wir aus einem integrativen, weisheitlich inspirierenden Zentrum, das zugleich den ermöglichenden Wachstumsraum des Visionenhabens und damit der „Herrlichkeit" bildet:

> *Sei gegrüßt, Raum Gottes, den der Raum nicht zu fassen vermag, Zugang zum unverfügbaren Geheimnis …*

22. Raum und Ort der Beziehung

Man kann es nicht oft genug sagen, es ist ein Gedanke der mit aller Konzentration eingeübt werden muss: In der Sicht der Mystiker trägt jeder von uns einen solchen marianisch-sophianischen Raum Gottes *in* sich und *um* sich. Und das führt zur Vorstellung einer *„unsichtbaren Kirche“*, in der Menschen der verschiedensten Glaubensrichtungen, die von der Erfahrung einer ursprünglich vorhandenen Beziehungseinheit geprägt sind, in einer transkonfessionellen spirituellen Gemeinschaft vernetzt sind. Begründet ist diese Gemeinschaft darin, dass wir alle *„von Gottes Art“*, ja „von Gottes *Abstammung“* (gr. *genos*, Apg 17,29) sind, verbunden durch den göttlichen „Hauch“, durch den alles, was ist, gebildet wurde. Sinnbild dieses Anfänglichen ist Sophia, Gottes Geliebte, durch deren Kunst und Gestaltungskraft alles (auch die „Mit“-und „Umwelt“!) gemacht ist. Die *„unsichtbare Kirche“* ist darum sowohl ein Symbol Sophias als *Erfahrungsraum*, als auch eines unsichtbaren *Beziehungsfeldes*, in dem sich das immerwährende Spiel zwischen Gott, Mensch und Welt entfaltet.

Und was auf „himmlischer“ Ebene die Rolle der *Sophia* ist, tritt auf irdischem Spielfeld durch *Maria* ins konkrete Erleben. Sowohl Sophia wie auch Maria vertreten darum, wie Joseph Ratzinger sagte, *nicht nur ein auch theologisch unverzichtbares weibliches Prinzip, sondern eben auch Schöpfung, Menschheit, Kirche.* Dazu gehört auch die typologische Bestimmung der Maria von der Weisheit her und dass die kirchliche Liturgie *„die Lesungen über die Weisheit auf Maria hin“* (Zion S. 24) liest – nicht nur auf Christus!

Zur Erinnerung zwei Sätze:

„Die Austilgung des Marianischen aus der Sophiologie streicht zu guter Letzt eine ganze Dimension des Biblischen, des Christlichen.“ (Zion, S. 26) Und: *„Das Auftreten eines wirklich mariologischen Sinnes ist der Maßstab dafür, ob der christologische Gehalt voll präsent ist.“* (ebd. S. 33)

Dass ich als Protestantin eines Tages ausgerechnet bei Herrn Ratzinger, späterem Vorstand der „Glaubenskongregation“ (vormals Inquisition) Argumente finden würde für meine Ketzergedanken, hätte ich mir nicht träumen lassen. Mich würde interessieren, was er zu einer der erstaunlichsten Ikonen, die Mitte des 12. Jahrhunderts entstanden ist sagt, die wohl das tiefste Geheimnis von „Kirche", Sophia und ihrer Spiegelung in Maria als Imaginationsraum des Heiligen darzustellen versuchte: zur *„Vièrge Ouvrante"* (Abb. 17).

Sie wurde alsbald verboten (Glaubenskongregation, vormals Inquisition ...) und existiert heute nur noch in wenigen Exemplaren. Die hier gezeigte stammt aus dem Musée de Cluny aus Paris, aber ich kann mich nicht erinnern, sie dort gesehen zu haben. Vielleicht war sie unsichtbar, im Magazin ... Ihre Abbildung aber begleitet mich seit vielen Jahren bei Vorträgen. Und wie ich immer wieder feststelle, ist sie weitgehend unbekannt. Auch meine Patentante wird sie nicht gekannt haben.

Mich jedenfalls fasziniert sie immer wieder neu, denn in ihr zeigt sich eine ungewohnte, höchst elektrisierende Beziehung zwischen Maria und der Heiligen Dreieinigkeit: Noch viel deutlicher als in meinem französischen Andachtsbildchen ist sie hier buchstäblich der „Raum", (die Seele, das die Schau ermöglichende spirituelle „Organ"!) innerhalb dessen das ganze im christlichen Mythos sich abbildende Drama imaginiert wird! Einmal mehr finde ich den schlichten päpstlichen Spruch bestätigt, dass christliche Frömmigkeit in Maria alle Geheimnisse des Evangeliums beschlossen sehen kann. Und sein Vorgänger sah das nicht anders: *„Maria vereinigt ... gewissermaßen die größten Glaubensgeheimnisse in sich und strahlt sie wieder."* (Hangler S. 218)

„Beziehung" – eine Intuition treibt mich noch einmal zu dem schmalen Insel Büchlein mit *„Einsichten"* Martin Bubers (1887-1965) aus dem Nachlass meiner Tante. Sie hat es zu ihrem 54. Geburtstag, geschenkt bekommen, wie sie vorne vermerkt hat. Anstreichungen zeugen von intensiver Auseinandersetzung. Mit Bubers *„Beziehung"* zu Gott und Welt, aber auch mit der *„Kraft der Schau"*, in welcher der Mensch versucht, das nicht Fassbare in Sinnbild, *„Zeichen und Spruch"* zu fassen (S. 27). Künstler aller Zeiten haben das versucht, auch Buber selbst, dieser vom Unfassbaren Erfasste sprachgewaltige Seher und Dichter.

Und obwohl sich die Verfasserin meines Leitmotiv-Gedichts sicherlich nicht an Martin Buber messen wollte, kehre ich doch noch einmal zurück zu ihr, denn um *Beziehung* besonderer Art, um eine mystische Zugehörigkeit und Zusammengehörigkeit geht es dort unbedingt.

Abb. 17: Vierge Ouvrante, 13. Jh (?), Musee de Cluny, Paris. Von diesen Vierges Ouvrantes („sich öffnende Madonnen") gibt es nur noch wenige Exemplare in der Welt, denn sie wurden im 15. Jh von der Kirche verboten (und wahrscheinlich viele davon vernichtet). Aus naheliegenden Gründen, denn hier wird die Thronende Madonna mit dem Kind gezeigt als das ganze christlich-heilsgeschichtliche Glaubensgeheimnis sowohl offenbarend als auch in sich fassend und umschließend. Darüberhinaus ist sie diejenige, die den Gläubigen Schutz gewährt: Gottesgebärerin, Weltherrscherin, Schutzmantelmadonna in einem. Die Tragödie des Gekreuzigten unter der Herrschaft des „Vaters", in dem sich auch das Drama eines jeden Menschen in der Welt spiegelt, nimmt sie mütterlich tröstend in sich auf, und signalisiert – in geschlossenem Zustand – die Möglichkeit einer versöhnten Einheit von Schmerz, innerem Leid und Ganzheitssehnsucht.

Entgegen gewisser Widerstände lese den Schluss noch einmal:

> *... erstrahlend im Glanz ihres Volkes*
> *im Lichtkreis, der aus Menschen besteht*
> *dich grüßend*
> *sie, der du gehörst.*

Hat die Dichterin das wirklich *gesehen*, empfunden, erlebt? Was heißt hier „Volk" (missbrauchte Vokabel!), „gehören" – unselige Verknüpfungen von „Volk" und „Gehorsam" stellen sich ein ...

Ich brauche dringend eine Denkpause, lese die vier Zeilen wieder und wieder, drehe und wende mein Kaleidoskop.

Schließlich schlage ich Kluges Etymologisches Wörterbuch von 1989 auf und lese, dass „gehören" im Sinne von *Zugehörigsein* (nicht „Gehorsam"!) gedacht werden muss, zu einem Stammsitz, einem Platz, einer Lagerstätte, *Heimat*, mit Verbindungslinien zu Erde, Welt, *Wohnen, anwesend sein*.

Stammsitz, *Heimat* – das katapultiert mich nun weiter in einen Sturm von sausenden und brausenden Assoziationen. Octavio Paz' Wort, mit der Madonna von Guadelupe sei allen Erniedrigten neue *Heimat* geschenkt (Kap.12) Teilhard de Chardins Charakterisierung der Sophia-Maria als „*Heimat und Mitte*" aller Dinge (Kap. 16). Und hat nicht der katholische Bischof Gebhard Fürst kürzlich bei der Feier des „500 jährigen Geburtstags" der Grünewald'schen Madonna in Stuppach (in deren Nähe ich geboren bin, und deren Bild meine Mutter überm Bett hängen hatte) davon gesprochen, Maria sei „*Urbild und Heimat für das Leben aller*" (23.10.16)?

Vielleicht läge Marias „Wink" darin, dieses Misstrauen gegenüber dem korrumpierten Begriff von „Heimat" zu überwinden? Denn frei betrachtet, weist die Rede von einer Maria als *Urbild* und „*Heimat für das Leben aller*" weit über die kirchlich-biedermeierliche oder gar „völkische" Idylle hinaus und setzt einen enormen, herzweitenden Anspruch, öffnet einen *Raum* der *Beziehung* für *alle*. Die *ganze Menschheit* ist „ihr Volk" – so wie bereits die himmlische Weisheit als Weltseele sich in Schöpfung und Menschheit hineingespielt hat, als „Einwohnung", Anwesenheit des „Gottes" in der Welt, in ihrer ganzen, beziehungsstiftenden Fülle. Da gibt es keine konfessionellen Unterschiede: Nur *Beziehung*. In der Nähe von Ephesus ist das sogenannte Haus der Maria zur Wallfahrtsstätte geworden – nicht nur für christliche, sondern auch für muslimische Pilger, die Maria verehren – *„ein wunderschönes Symbol der Einheit in einem Kontext tiefer Spaltungen zwischen den Kulturen"* (Vicenzo Paglia, S. 40).

Maria-Sophia, archetypische geistige Mutter, nicht nur der Menschheit. Und nicht *nur* der Menschheit, sondern des ganzen Kosmos.

Mir fällt die jüdische Kabbala ein, die dafür das Bild der *Schechina* hat, in der sich „Gottes Herrlichkeit" offenbart in der beseelten Schöpfung. Auch sie ist die „Mutter", mit der sich der gläubige Jude an jedem Sabbat vermählt und so die Spaltung zwischen „Oben" und „Unten" aufhebt. Die Zugehörigkeit zum Ganzen wird gefeiert und erneuert, allwöchentlich, die Beziehung des (scheinbar) Getrennten als sich ergänzende Polarität bejaht. In meinem „Sophia-Buch" habe ich darüber geschrieben.

Sachte drehe ich mein Kaleidoskop.

Die Glitzersteinchen fahren auseinander, lassen eine Mitte frei, die dennoch ein klares Zentrum bleibt für ein neues Muster:

Zugehören, Zusammengehören – eine Möglichkeit auch ohne verengende Clan-Sentimentalität? In Kluges klugem Wörterbuch ein Wink: Diese „Lagerstätte", die da zum Ort der Zugehörigkeit erkoren wird, ist auch ein *Sich-Öffnendes* – ja, was denn sonst, die *Lichtung* nach Durchquerung der „dreifach tiefen Wälder"!

Meine Imagination stellt mir unsere Vorfahren vor Augen, wie sie die Wälder durchwandern auf der Suche nach einem Platz, an dem man ein Lager errichten könnte. Ihr Wald ist ein Urwald, noch nicht touristisch möbliert und alle hundert Meter pädagogisch ausgeschildert. Wo sollte man da lagern im Dickicht, mit den Vielen, dem Volk! Dann endlich eine *Lichtung!* Ein offener Ort, der nicht nur genügend *Raum* für alle bietet, „Volk", Mensch und Tier, sondern der auch nach oben offen ist, der Himmel, Sonne, Mond und Sterne über sich hat, Verbindung zur „ander Welt", aus der noch andere Ahnungen, Zeichen und Winke kommen als aus der realen Welt, welche die Lagernden umgibt ...

Jetzt bin ich weit abgekommen.

Oder doch nicht?

Habe ich nicht meinen Imaginationsraum erweitert, mir neue Bedeutungsmöglichkeiten von „Zugehörigkeit" und „Heimat" eröffnet? Sie von einem verdächtigen Muff befreit und mir so eine *Lichtung* mit dem Charakter eines *öffnenden Raums* für eine neue Perspektive geschaffen?

Aber etwas rumort noch.

Da ist noch eine Dimension in diesem Gedicht, die ich zunächst übersehen habe. Vielleicht habe ich es unterschätzt.

Vielleicht geht es der Schwedin gar nicht um ein volksfrommes Marienbild, sondern um eine wirkliche „Lichtung"! Warum habe ich das nicht früher bemerkt? Warum bleibt denn – bevor man Wälder, Tal des Vergessens, Wasser durchquert hat – *„jede Gegend eine fremde"*, warum verlieren sich alle Wege am Horizont?

Plötzlich ist alles ganz einfach: Weil man auf die Figur im Vordergrund fixiert ist und nicht *hindurchschaut* durch das gewohnte Marienbild, weil man nicht *hindurchschaut* auf den archetypischen Hintergrund, auf die alles durchwebende Beziehungskraft, Quintessenz und Raum aller Mystik. Solange wir uns nicht mit dieser Wirklichkeit, welche die Realität übersteigt, verbunden fühlen, bleibt uns *„jede Gegend eine fremde"*. Solange wir dem Leben nicht wirklich begegnen, *„verlieren sich alle Wege am Horizont"*, einem beschränkten Horizont normgebundener Weltsicht, die alles in Stücke zerteilt und uns entfremdet vom Gefühl der Zugehörigkeit zu einer „Lichtung": Ohne Augen, Ohren und Sinn für das symbolische Leben, für unsere seelische Heimat, aus der uns die göttliche Weisheit „grüßend" entgegenwinkt. Das heißt doch, sie spricht zu uns, ruft uns, wie die Weisheit in der Bibel! Und vielleicht grüßt und ruft sie mit den Worten des Engels: *„Chaire,* freue dich! Du selbst bist der Raum!" Der Wachstumsraum, in dem du erkennen kannst, was wir in Wahrheit sind: ein urlichthaftes, uranfänglich zusammengehöriges Beziehungsfeld, ein aus der Einheit ausgesandter Funkenflug, *„Licht vom unerschaffnen Lichte"*, wie es in einem meiner Lieblingslieder des Mystikers Christian Knorr von Rosenroth (1636-1689) heißt. Ein dynamisches göttliches Zusammenspiel in der Vielheit der Erscheinungen: und wir mittendrin, um Gruß und Ruf zu hören und teilzunehmen, mitfühlend, Raum und Bedeutung gebend, mitgestaltend, schauend ...

Jetzt ist sie wieder einmal mit mir durchgegangen, meine Begeisterung für das Mythische – meine Patentante könnte mit mir zufrieden sein. Auch sie hat sich nicht mit den normierten Bildern im Vordergrund zufriedengegeben.

Ich schlage die Textstelle in Martin Bubers „Einsichten" noch einmal auf und lese diesmal die ganze Passage:

Der Menschengeist hält dem Übergewaltigen stand durch die Kraft seiner Schau ... Er fasst das in sich Unerfassliche durch die Schöpfung des Sinnbilds: so offenbart sich ihm in Zeichen und Spruch der wink-und wortlose Gott ... Denn reifen will das Göttliche in der Menschheit. In deren großen Gezeiten entwächst es in unsichtbarem Werden altem Sinnbild, blüht es zu neuem auf; immer innerlicher, immer herznäher wird das Bild, immer tiefer senkt es sich in das Leben ein ... Nicht Gott ist es, der sich wandelt, die Theophanie wandelt sich, die Kundgebung des Göttlichen durch den sinnschaffenden Menschengeist: bis kein Sinnbild mehr zureicht und keins nottut und das Leben selbst im Wunder seines Miteinander zum Sinnbild wird ... (S. 27)

Wir vergessen es zu oft: Es ist der *„sinnschaffende Menschengeist"*, der religiöse Erscheinungsbilder deutet! Ohne deutende Sinnbilder könnten wir uns nicht orientieren im „Unerfasslichen". Die Sinnbilder aber wandeln sich: Die Sophia der alttestamentarischen Weisheitstexte erfährt im Neuen Testament sowohl in Jesus Christus als auch in seiner Mutter Maria eine neue *„personale Zusammenfassung"*, wie Joseph Ratzinger von Maria sagt. Dadurch wird das Bild *„herznäher"*, tritt in die Geschichte ein: Es „grüßt" und spricht den konkreten Einzelnen an, aber immer behält es seine sinnbildliche Offenheit, die „Lichtung" dahinter ...

Das sind wir im Begriff zu vergessen und so ist uns auch das Verständnis für Maria verlorengegangen, und für die enorme Bedeutung symbolischer Sinnverwandlungsräume.

23. Raum des Erkennens

Darum ist auch noch immer nicht verstanden, dass das Neue mit *Maria* beginnt. Und – kaum zu glauben – wieder kommt mir Herr Ratzinger zuhilfe, der mehrfach darauf hingewiesen hat, dass der Stammbaum der männlichen Vorfahren Jesu bei Matthäus endet, sodass *Maria „in Wirklichkeit ein neuer Anfang ist und den ganzen Stammbaum relativiert".* Zwar gesteht er dem Stammbaum der Männer durchaus „weltgeschichtliches Gewicht" zu. *„Und dennoch ist es am Ende Maria ..., in der ein neuer Anfang geschieht, das Menschsein neu beginnt."* (Hangler S. 92/93)

Ich staune. Marias *„Fiat"* leitet eine Zeitenwende ein. Eröffnet eine vierte Dimension, die Dimension des *Gottesraums im Menschen*.

Vierte Dimension, *„Kairos"*-Dimension, in der Zu-Fälle keine Zufälle mehr sind:

Als ich gestern einen Gruß für eine frisch operierte Freundin suchte, stieß ich in meinem Bücherschrank auf Rainer Maria Rilkes *Marienleben*, einen Gedichtzyklus, der ihm 1912 auf Schloss Duino zufloss. Ich hatte ihn vergessen, und mit ihm den starken Eindruck, den mir vor Jahren sein Gedicht *Mariä Verkündigung* gemacht hatte. Jetzt las ich es wieder.

> *Nicht dass ein Engel eintrat (das erkenn),*
> *erschreckte sie. So wenig andre, wenn*
> *ein Sonnenstrahl oder der Mond bei Nacht*
> *in ihrem Zimmer sich zu schaffen macht,*
> *auffahren –, pflegte sie an der Gestalt,*
> *in der ein Engel ging, sich zu entrüsten;*
> *sie ahnte kaum, dass dieser Aufenthalt*
> *mühsam für Engel ist. (O wenn wir wüßten,*
> *wie rein sie war. Hat eine Hirschkuh nicht,*
> *die, liegend, einmal sie im Wald eräugte,*
> *sich so in sie versehn, dass sich ihr,*
> *ganz ohne Paarigen, das Einhorn zeugte,*
> *das Tier aus Licht, das reine Tier – .)*
> *Nicht, dass er eintrat, aber dass er dicht,*
> *der Engel, eines Jünglings Angesicht*
> *so zu ihr neigte, dass sein Blick und der,*

mit dem sie aufsah, so zusammenschlugen,
als wäre draußen plötzlich alles leer
und, was Millionen schauten, trieben, trugen,
hineingedrängt in sie: nur sie und er;
Schaun und Geschautes, Aug und Augenweide
sonst nirgends als an dieser Stelle – : sieh,
dieses erschreckt. Und sie erschraken beide.
Dann sang der Engel seine Melodie.

Man mag zu Rilke stehen, wie man will: Dieses Gedicht trifft mich jedes-mal ins Mark mit seiner Kunst, einen durch und durch mythischen „Anders-Raum" zu eröffnen und von daher Hiesiges sinnlich-erotisch und erfahrungshaltig aufzuschließen, ohne auch nur im Geringsten ins Banale abzugleiten. Mit genialer dichterischer Intuition steuert Rilke an dieser Gefahr vorbei, indem er nach einem raffinierten Vorspiel mit einer kurzen kaleidoskopischen Drehung das mysteriöse Muster des Sagenkreises um Jungfrau und Einhorn, Symbol Christi, aufleuchten lässt. Auf doppelte Weise so in eine andere Welt versetzt, sehen wir jetzt das Geschehen zwischen Maria und Engel in einer mythischen Intensität und Überhöhung: einerseits die ganze Magie der „mystischen" erotischen Entgrenzungserfahrung auf personaler Ebene. Andererseits den „göttlichen Moment" der Erfüllung einer Erwartung und Schau von „Millionen", das heißt der ganzen sehnsuchtsvoll getriebenen Menschheit, die durch Maria vertreten wird und plötzlich die ihr innewohnende Göttlichkeit wahrnimmt: In einem einzigen Augen-Blick stürzen das Göttliche und das Menschliche, das Transpersonale und das Personale ineinander wie die Blicke von Engel und Maria.

Der Dichter öffnet dem im Alltag Treibenden oder Getriebenen hier einen spirituellen Initiationsraum für eine Ahnung jenes ungeheuren „größeren Lebens", das sich unablässig zwischen Himmel und Erde begibt. Es weht uns an, wird in uns seiner bewusst, wenn wir bereit sind, uns in Rilkes Imaginationsraum einzufühlen und das Geheimnis einer Begegnung zu riskieren, wie sie Maria (als mythische Stellvertreterin der menschlichen Seele) riskiert hat. Es ist ja *ihre* Bereitschaft, geschehen zu lassen, zu schauen und angeschaut zu werden, welche das Kommende ermöglicht:

Die „Melodie" des Engels, durch welche die Seele zum Bewusstsein dessen kommt, was ihre Bestimmung ist: Das Unfassbare in seiner *ganzen* Wirklichkeit zu fassen. Und es ist die Dichtung, die poetische Gestalt, welche eine Fassung dafür schafft, einen Resonanz-und Wachstumsraum für eine neue Bewusstseinsdimension, mit vielen Facetten.

Rilke selbst ist, wie jeder wirkliche Künstler, einer, in dem eine schöpferische Geistkraft wirkt, die *die Merkmale des „Weiblichen"* trägt: *„ein empfangender und gebärender Schoß ..., der Fremdes in bekannte Gestalt umzuschaffen vermag."* (Jung, Blüte, S. XII)

Er schafft eine Gestaltung, die über sich hinauswinkt, etwas in Bewegung bringt, vielleicht noch andere Räume aufschließt:

Plötzlich kam mir ein Verkündigungsbild vor Augen, das ich eigentlich lieber „links liegen" lassen hätte, weil es meinen künstlerischen Kriterien nicht geheuer war.

Der Impuls des „Winks" erwies sich als stärker als mein Vorurteil, und ich griff mein Buch mit Verkündigungsdarstellungen, das mit einem Mosaik aus Santa Maria Maggiore in Rom aus dem 5. Jahrhundert beginnt und mit Andy Warhol endet.

Dort hatte mich schon vor langer Zeit ein Bild einer Künstlerin in Bann gezogen, die mir bislang nicht vorgestellt war: Beatrice Parsons (1870-1955), Zeitgenossin Rilkes (1875-1926). Sie war später hauptsächlich durch poetische Landschafts-und Gartenmalerei berühmt geworden. Doch die in meinem Buch abgebildete Szene aus frühen Jahren tanzt ziemlich aus der Reihe des von der Malerin Gewohnten, weil es eine berühmte Geschichte erzählt: Die eines jungen Mädchens, dem eine Begegnung mit einer überirdischen Erscheinung zuteil wird (Abb. 18)

Die Darstellung greift den Moment heraus, in dem die junge Frau der Gestalt gewahr wird. Den ersten „Augenblick".

Stimmungsmäßig sehen wir uns in einen wunderschönen Garten mit Lilien, Rosen, Phlox, Calendula versetzt. In ein „Paradies", würde man sagen, wenn da nicht im Hintergrund ein in Schönheit gealterter, halb von Baumschatten verdeckter Schuppen wäre, der die Verbindung zur bekannten Realität herstellt.

Abb. 18: Beatrice Parsons (1870-1955), Verkündigung. Wäre der Titel nicht, man würde sich fragen: Was passiert hier? Ein junges Mädchen, barfuß, aber in weiß-schimmerndem Kleid, wenig geeignet für den Alltagsgebrauch oder gar zum Arbeiten im Garten, steht in einem dicht mit Lilien und Rosen bepflanzten Garten. Sie hat gerade eine Lilie gepflückt und ist dabei, heraus auf den Rasen zu treten, da geschieht ihr ein Begegnung, eine Vision: Unvermittelt erblickt sie einen jungen Mann in blauem, langen Gewand mit purpurnem Überwurf in ungewöhnlicher Haltung, wie erstarrt, das Haupt strahlend umleuchtet. Ihre Blicke treffen sich, fallen ineinander, sie erkennt sofort das Außergewöhnliche der Situation, und dass diese Begegnung „nicht von dieser Welt" ist. Noch ist kein Wort gesprochen, man hat das Gefühl, das wird auch nicht nötig sein, sie weiß um die Schicksalhaftigkeit dieses Augen-Blicks, nach dem nichts mehr sein wird wie vorher und durch den ihr Leben eine neue Dimension erfährt. Nicht zufällig ereignet sich die Begegnung in einem Garten: Im Hintergrund deutet ein Zaun auf einen „hortus conclusus", der ebenso wie Lilien und Rosen auf das Symbolspektrum der Maria verweist und durch die Schönheit der Szenerie auf die Verbindung der Sphären von „Diesseits" und „Jenseits".

Aus einem Feld hoher weißer Lilien davor tritt gerade eine Frauengestalt auf den grünen Rasenweg, barfuss, das lange, weiß wie die Lilien schimmernde Gewand mit der Linken leicht gerafft, in der Rechten einen Lilienstengel, den sie gerade gepflückt hat.

Sie möchte wohl den Rasenweg entlang den Garten verlassen, aber eine Erscheinung vom Eingang her, zwischen Rosen und Lilien verharrend, hat ihre Bewegung unterbrochen: Den Oberkörper leicht nach vorn geneigt, wendet sie Hals und Kopf der Gestalt zu, die da wie vom Himmel gefallen und im Schauen auf sie reglos steht, das Haupt umleuchtet von einem Licht von man weiß nicht wo. Fremd steht er da, der Engel, der keine Flügel braucht, auch wie sich selbst fremd in dieser Gestalt, wie es Rilke schreibt. Fremdelnd in dieser Umgebung, mit der Größe des Auftrags, der ihn hierher führte. Denn was er sieht – diese junge Frau, auf eigene Art ebenfalls von sanftem Schein umgeben, die ihn nun gebannt anschaut mit vollem, ungeschütztem Blick, im Staunen, in das ein Erschrecken gemischt ist, ergreift, bannt, verzaubert auch ihn: *„Und sie erschraken beide"* ... Warum *beide?* Weil überall, wo ein Mensch etwas aus der „ander Welt" erkennt, seine Erkenntnis zurückwirkt auf diese ...

Erkennen und Erkanntwerden – das große Thema der Mystik: Nein, ich muss mich nicht entschuldigen dafür, dass mich dieses Bild gefangen nimmt. Mit dieser Verzauberung durch *wechselseitig* tief berührtes Schaun und Angeschautwerden trifft es etwas, was über traditionelle Verkündigungsdarstellungen hinausgeht: Auch der „Engel" wird aus dieser Begegnung verändert hervorgehen. Ein neuer Klang in der Beziehung zwischen „Göttlichem" und Menschlichem und der wunderbaren Schöpfung um ihn ist angeschlagen, das Leitmotiv in der Evolution des Bewusstseins hin zur Vollständigkeit des Erkennens und der Individuation: *„Denn reifen will das Göttliche im Menschen"* ...

Was immer ein Künstler mit dem Charisma „geistiger Mütterlichkeit" (s. o.) darstellt, seine Gestaltung fordert uns auf, hindurchzuschauen auf ein Geheimnis, was „nicht von dieser Welt" ist. *„Die Kunst umspielt das Geheimnis (: Religion)"*, notiert Peter Handke in seinen Aufzeichnungen (Baumschattenwand, S. 44). Wenn sie das tut, vergegenwärtigt sie das Geheimnis der Geheimnisse – die göttliche Gegenwart. Dann geschieht es, dass sie *„inmitten des Seienden eine offene Stelle aufschlägt, in deren Offenheit alles anders ist als sonst".* (Martin Heidegger, in dessen Philosophie auch die „Lichtung" eine so große Rolle spielt). Das Geheimnis öffnet etwas, das uns hilft, auch das „Gewöhnliche", das „Nichts-Als", durch diese „Lichtung" aufgeladen zu sehen: *„Alles Geschaffene ist ein Echo Gottes ... Nichts also ist nur, was es ist. Es hat Anteil an der Heiligkeit Gottes, weil es sein Echo, seine Spur ist",* schreibt Fulbert Steffensky (Schwarzbrot, S. 95)

Diese Herkunft, ja wesenhafte Einwurzelung in einer Sphäre jenseits des „Nichts-Als" zu erkennen, das ist unsere Sehnsucht. Sie zeigt sich in jeder Art künstlerischen Tuns, aber auch in Süchten aller Art und dem Bedürfnis nach Überhöhung in sensationellen Grenzerfahrungen. Je banaler uns unser Alltag erscheint, je rationaler unser Glaube (falls er diesen Namen noch verdient), desto größer die Sehnsucht nach Mystifizierungen, die mit wirklicher Mystik nichts zu tun haben. *„Wir seufzen nach einem anderen Leben, wenn wir das wirkliche Leben nicht leben, und dazu bedarf es der Einwurzelung im Geheimnis jenseits des Alltäglichen",* schreibt Raimon Panikkar in seinem Büchlein *„Das Göttliche in allem"* (S. 29). C. G. Jung hat dieses Geheimnis das „symbolische Leben" genannt, christlich spricht man vom „ewigen Leben". Darum fährt Panikkar fort: *„Wer das ewige Leben vergisst",* sagte Simon der neue Theologe [um 1000], *der wird das Leben hier und jetzt nicht leben können.*

Rilke, Beatrice Parsons wussten von diesem Angeschlossensein an das „ewige Leben". Und beiden ist der Moment des Erwachens dazu heilig in der Begegnung des Boten des Ewigen mit Maria. Durch Schauen und Angeschautwerden wird sie des Göttlichen in sich selbst buchstäblich „inne": Ein Neuanfang im Menschsein.

Abb. 19: Stefano di Giovanni, genannt Sassetta, Siena 1392-1450/1451, Verkündigung. Was für eine Wärme, nicht nur der Farben, was für eine Innigkeit geht von diesem Andachtsbild aus! Tief berührt und hingegeben scheint Maria den Duft der Lilien in sich aufzunehmen, sinnliches Zeichen der physischen Präsenz des Mysteriums, von dem der Engel ihr gesprochen hat. Keine Geisttaube kommt „von oben", kein Vatergott blickt aus einem fernen Himmel herab: Das Geheimnis ist hier, an diesem Ort, in diesem Raum. Aus dem kostbaren Gefäß erblüht es, und Maria hat den heiligen Ernst der Situation verstanden, und dass sie diejenige ist, durch die das Wunder des „neuen Menschen" offenbar werden wird. Sie hat verstanden und „ist" in ihrer ganzen Haltung Einklang mit dem Geschehenden.

24. Raum des Göttlichen in der Materie

Und es fügt sich wie selbstverständlich, dass mir jetzt, dem Ende zu, ein Verkündigungsbild wieder in die Hände fällt, das ursprünglich ganz am Anfang dieses ganzen Nachdenkens über Maria stand (Abb. 19).

Es entstammt einem antiquarisch erworbenen Prachtband über italienische Goldgrund-Malerei zwischen dem 13. und 16. Jahrhundert und ist eine Holztafel von einem mir bislang unbekannten Maler: Stefano di Giovanni, genannt Sassetta, Siena 1392-1450/1451. Vielleicht zu privater Andacht gemalt, ist es mir unter all den prächtigen, oft detail-überladenen Darstellungen aufgefallen: Nicht nur durch sein ungewöhnliches Format. Sondern durch seine sparsame und ungewöhnliche Komposition und die ungeheure Intensität in Haltung und Ausdruck der Maria. Vielleicht hat auch die typisch sienensische Farbigkeit daran Teil: Gold, warmes Rot, Brauntöne, Maria fast ganz in einen erdfarbenen Umhang gehüllt, unter dem sich aber an Halsausschnitt und Ärmeln ein rotes, goldbesticktes Untergewand sehen lässt, welches an Kostbarkeit und Festlichkeit das rote Gewand des Engels bei weitem übertrifft. Farbspuren dieses Roten, das man als Geist-und Liebesfeuer deuten mag, bringen das Inkarnat der Beiden zum Leuchten und sind über das ganze Bild mit malerischer Leichtigkeit verteilt. Einzig das Weiß der Lilien, Symbole der Lichtgeburt, welche die Mittelachse zentralsymmetrisch betonen und sozusagen die Höhe des Himmels über sich haben und reflektieren, setzt einen farblich über die Raum-und Farbkomposition hinausweisenden Akzent.

Was ist es, was mich vom ersten An-Blick daran gebannt hat?

Eine Zeitlang hatte ich sogar erwogen, es tatsächlich auf Holz zu ziehen und mit ihm als Meditationsbild meinem Madonnenwinkel eine noch dichtere Atmosphäre zu geben – vielleicht tue ich es noch. Denn sobald ich es jetzt wieder ansehe, zieht mich das Ungewöhnliche daran hinein in einen Assoziationsraum, von dem ich das Gefühl habe, dass unser Bewusstsein dafür im Werden ist.

Eines scheint mir sicher: Hier hat der Engel „seine Melodie" (Rilke) bereits gesungen. Das Gespräch zwischen Engel und Maria hat schon stattgefunden – und beiden wird die Bedeutung des ungeheuren Mysteriums, das sich vollzogen hat, bewusst. Beide stehen sie mitten im Geheimnis, im Wunder der Verwandlung des Geistes in manifeste Leiblichkeit. Beiden wird dessen Größe bewusst, wird bewusst, dass sie Handelnde nicht nur in einer persönlichen Geschichte, sondern in einem Schöpfungsdrama von größter Bedeutung sind.

Auf diese Bewusstwerdung kommt es an. Denn Schöpfungsgeschichten beschreiben zwar durchaus *auch* den Ursprung von Weltwerdung, aber vor allem den Ursprung von deren bewusster Wahrnehmung. Durch Marias „*Fiat*" ist etwas radikal Neues in die Welt eingetreten! Ein bedingungsloses „Ja" ohne jede Unterwürfigkeit, ein „Ja" zur Freiheit der Erkenntnis, aber auch ein befreiendes „Ja" zur Begrenztheit in der Materie und ihrer Vergänglichkeit, mit allem, was dazugehört.

Der Engel hat seinen Part erfüllt. Vielleicht ist er sich der Tragweite seiner Botschaft ernster bewusst, als er es in den Worten an Maria hat durchklingen lassen und sieht manches, was kommen wird, im Gelingen, wie im Scheitern, schon bis in den Horizont des Jahrhunderts voraus, in dem das Bild gemalt worden ist. „*Freue dich*", war sein Auftrag, Maria einzustimmen. „*Freue dich, in dir reift heiliges Leben, und du bist bestimmt, seine Mutter zu sein, es zu tragen, zu nähren und zur Welt zu bringen, damit endlich alle Menschen ihre göttlich-weisheitliche Herkunft erkennen können durch dich und deinen Sohn und und dass alles, was geschaffen ist darauf wartet, als göttlich bewohnt erkannt zu werden!*"

Nein, ich weiß, so hat er es nicht gesagt im Lukasevangelium, der Engel. Das ist *meine* Ein-Bildung, meine Deutung, die den Engel-Worten diese Wendung gibt. Aber Lukas hat ihn eben einst sagen lassen, was *seine* Intuition ihm im Horizont *seines* Mythos ein-bildete, den er weitergeben wollte – und ich wähle nun Worte, die mir *mein* „Engel", *meine* Intuition, *meine* Ahnung eingibt.

Meine *Schau:* Denn ich schaue vor allem auf diese Maria in dieser mit sparsamsten Mitteln ins Bild gesetzten Szene, die sich so eigentümlich unterscheidet von anderen Verkündigungsbildern, als sei sie ein Traum. Auf diese Maria mit den überschlanken, Händen, Maria, die sich weit vorbeugt über diesen stilisierten Lilienstrauß genau in der Symmetrieachse, Hervorwachsend aus einem maniriert geformten Gefäß mit überschlankem Hals und voluminösen Bauchungen, in jeweils drei Kammerwölbungen von unten und von oben zusammentreffend, als begegneten sich darin eine himmlische und eine irdische Trinität. Diese Vase, dieses alchemistische „*vas*" (lat. = Gefäß) ist kein x-beliebiges Ding. Eher ein Uterus, ein Organ, auf jeden Fall ein Maria symbolisch spiegelndes *Wandlungsgefäß*, ein Raum, in dem die geheimnisvolle Transformation des Geistes in die Materie stattfindet.

Maria, den schlanken Hals vorgestreckt und mit einem Gesichtsausdruck staunender, nahezu entrückt wirkenden Gesammeltheit, als könne sie gar nicht aufhören, den Duft, der aus den Lilien zu ihr heraufströmt, einzuatmen, den Duft, in welchem der befreiende göttliche Geisthauch sich manifestiert und zu ihr emporsteigt, ihre Übersteigerung bewirkt, damit sie ihn – ganz Hingabe, in tiefem Durchdrungensein ungekannter Be-Geisterung – in sich aufnehme ...

Ich kann nicht wegsehen:

Hier thront nirgends ein ferner Vatergott über den Wolken und sendet Taube und Geiststrahl von oben, wie auf zahllosen anderen Verkündigungsbildern dieser Zeit. Was hier geschieht, ist etwas anderes, eigentlich ganz einfaches, so einfach wie die Ausstattung der Szene: Es ist das Gewahrwerden eines Wunders „von unten". Kein Duft ohne Blüte, die ihn verströmt, keine Blüte ohne Pflanze, aus der sie hervorgegangen ist, keine Pflanze, deren Wurzel nicht von der Erde, der mütterlichen „Materie" genährt worden ist, oder, wie hier, zumindest aus dem Wasser, der Materie gewordenen Geistsubstanz Lebenskräfte saugt. Durch die Physis, durch das Kreatürliche hindurch steigt das Transzendente auf, die Sophia, die sich einst darin ein-gebildet hat und nun an Maria die menschlich-persönliche Rolle im Spiel der Inkarnation Gottes weitergibt. Die Geist-Fülle der Weisheit will „Fleisch", Materie werden – und darin auch erkannt werden!

Zu Anfang des „Alten Testaments" hat das Schöpferwort Welt und Leben schon einmal mit Hilfe der sophianischen Geliebten hervorgebracht: „Von oben". Damit beginnt der große Mythos, auf dessen Boden auch der christliche Mythos gewachsen ist. Das ist die „erste Schöpfung", in welcher der Mensch bekanntlich seiner Rolle für das Ganze noch nicht so recht gewachsen war.

Doch was *hier* beginnt, in einer ganz persönlichen Bewusstwerdung der göttlichen Herkunft jedes Menschen und der ganzen Schöpfung, ist eine

„neue Schöpfung" – von der wir jammervollerweise inzwischen wissen, was damals der Engel im Schicksal von „Gottes und Marien Sohn" voraussah: Dass auch sie nur von wenigen begriffen wurde als das, was sie war, und vielleicht auch von diesen noch nicht ganz. Und auch zu Zeiten des Stefano di Giovanni war im Bewusstsein der Vielen noch kein Raum für Visionen der befreienden Wirkung des Geistes, wie etwa die des Joachim von Fiore (um 1130-1225), welche Gott, Mensch und Schöpfung in ihrer großen, mystischen Einheit sehen und begreifen konnten. Zu eng war für die meisten der Horizont, in welchem sie gefangen waren, ohne genug Bewusstsein für die neue Sichtweisen ermöglichende Kraft.

Aber wie ist es denn mit uns heute?

Sehen wir, dass Materie materialisierter (heiliger) Geist ist? Offenbarung des Unoffenbaren? Sind wir nicht noch genauso gefangen (vielleicht mehr denn je) im Vor-Urteil über die Materie als „Nichts-Als"? Nicht bereit, auch ihr zu ihrer Individuation zu verhelfen, indem wir erkennen, was sie ist?

Und hat nicht unsere Religion wesentlich dazu beigetragen, indem sie die thronende Dreieinigkeit zum alleinigen „Unverfügbaren" erklärte – und damit Welt, Natur, Kreatur, Materie zur ausbeutbaren Verfügungsmasse degradierte?

Die sienensischen Farben, das Erdbraun des Umhangs, den Maria trägt, die Betonung der „Niedrigkeit" – und dann das fürstliche Rot-Gold darunter: Wie klar der Maler das wunderbare Geheimnis imaginiert! Noch immer mag ich nicht wegsehen ...

Nichts Zaghaftes ist an dieser Maria, sie „weiß" um den „An-Spruch", der an sie gestellt ist, und sie antwortet, nein, sie *ist* die Antwort, ist ganz und gar Verkörperung des „heiligen Sinns", erotische Zu-Neigung zum neuen Leben, das da aufblühen will, in sich die gesammelte Würde der Menschheit. Ganz und gar Bereitschaft, Möglichem zu Wirklichkeit und Wirkung zu verhelfen, „Raum Gottes", Gottesgebärerin zu sein, priesterliche Hüterin des Heiligen in Schöpfung, Erde, Natur: persongewordene Sophia, unsichtbare Kirche aller, die bereit sind, das große mystische Geheimnis durch das Bild der Materie hindurch zu erfahren und zu heiligen.

Ohne Maria kein Christus. Ohne Bejahung der Heiligkeit der Materie, unserer ganzen materiellen Existenz und der wechselseitigen Verwobenheit des „Oberen" mit dem „Unteren" keine Bewusstheit des symbolischen Lebens und kein spirituelles Erwachen.

Stefano die Giovannis Maria begreift, dass sie zur neuen „Mitgestalterin der Wahrheit" (3. Joh 8), ja Miterlöserin und Hüterin des Heiligen berufen ist durch ihr befreiendes Einverständnis, ihre sinnbereite Haltung, die Ermöglichung eines Wachstumsraums für das zugleich immanente und transzendente symbolische Leben. Mit ihr als Seelenführerin, *Hodigetria,* die den Weg weist in ein Geheimnis, für das wir uns öffnen müssen. Schauend und lauschend auf ihre Winke, Zeichen, Signale kann es weitergehen in eine neue Phase der Bewusstseinsentwicklung des Menschen ...

Zurück auf Los.

Ich werde nicht katholisch werden wie meine Patentante.

Denn in den Köpfen vieler zunehmend einseitig „christologisch" orientierter Katholiken, die das für „aufgeklärt" und „fortschrittlich" halten, hat diese meine Sicht inzwischen genausowenig Heimat wie in denen der Protestanten, auch wenn in der katholischen Volksfrömmigkeit, durch einige Mariologen (in neuerer Zeit etwa Gisbert Gresshake, 2016) aber vor allem auch durch die Ostkirche eine Ahnung davon durchgetragen wird.

Ich möchte auch keinen neuen Marienorden gründen.

Worauf es mir ankäme wäre einzig, eine neue Sensibilität dafür zu wecken, was Maria als Symbolgestalt uns zu sagen und zu geben hätte – und warum es für das „eingeschlafene" Christentum höchste Zeit wäre, mehr Bewusstsein für diesen *Raum der „ander Welt" und seine kreative Potenz* zu entwickeln. Für die Unentbehrlichkeit seiner Symbolik zur „Menschwerdung", zur Individuation sowohl des Einzelnen als auch zur Individuation alles Geschaffenen.

25. Raum der Verwandlung

Aber wie könnte man dem „entwirklichten" des Marianischen in Gestalt von konkreten und symbolischen Wandlungsräumen mehr Präsenz verleihen? Sie im konkreten Leben etablieren und nicht den „hochreligiösen" vom alltäglichen Bezug zu trennen?

Eine Flut von Einfällen und Möglichkeiten umwirbelt mich – aber leider war Strukturieren nie meine Stärke.

Schließlich gebe ich vorerst auf: Es ist die Woche vor Weihnachten und ich möchte noch Geschenke zusammenstellen und verpacken, Briefe schreiben, Grußkarten gestalten. Ich tue das gern, so gern wie Blumensträuße pflücken und binden im Sommer, in das ich mich ganz verlieren kann, und das mich mit Freude und Frieden und einer ganz eigenen Herzensweite erfüllt.

Mögliches in Wirklichkeit verwandeln, auch in der Alltagshandlung.

Ich lasse mir Zeit – Werde-Raum.

Ich betrachte meinen teils vorbereiteten, teils zufällig vorhandenem Fundus, in Gedanken an die Person, die ich beschenken will: Wie könnte ich das Ausgesuchte noch ergänzen, der Gabe (gr. *charis)* ein mehr an persönlicher Symbolik geben, einen besonderen Charme? Durch einen Text, das Geschenkpapier, die passende „Inszenierung"?

Ich versuche, möglichst „einfach" zu werden, Verbindung herzustellen: zum zu Beschenkenden, zu unserer besonderen Beziehung, zum Zu-Fall bei der Gestaltung. Das Wichtigste aber:

Zeit und Raum lassen. Ich nehme mir viel davon, in den Augen eines eventuellen Beobachters vielleicht verrückt viel Zeit.

Aber genau auf diese „Verrückung" kommt es mir an, auf den *Raum,* in dem ein im Grunde bescheidenes Geschenklein durch eine ganz persönliche, schöne und rundum stimmige Fassung eine qualitative Verwandlung erfahren kann. Verwandelt durch meine Haltung, meine weitgespannte und doch gelassene Zuwendung, in der sich die Beziehung zwischen Beschenktem, Geschenk und mir in einer Art „Kairos-Moment" als überschüssige Fülle und Einmaligkeit kristallisiert: Als Freude in einem quasi „charismatisch" aufgeladenen Resonanzraum, in dem nicht nur diese besondere Beziehung, sondern meine Beziehung zu Sein und Welt einen neuen Wert bekommt.

Ist da nicht so etwas wie ein Hauch von Engelsflügeln?

Chaire! freue dich!

Meine Haltung ist eher ein Erwarten als ein Tun. Ich lasse mich von meiner Intuition leiten bis zu dem Moment eines Erkennens: „Es stimmt so." Diese Haltung verwurzelt mich in einer geheimnisvollen Seelentiefe und gibt mir gleichzeitig ein Gefühl von großer Freiheit. Es hebt mich über das Alltagsgefühl hinaus, obwohl es, nüchtern betrachtet, äußerst „diesseitig" ist und mit vielen alltäglichen Handgriffen und Erwägungen verbunden.

Wenn ich anfange, weiß ich noch nicht, was „herauskommen" wird: Wichtig ist meine Offenheit, meine „seelische Geräumigkeit". Die „Einfälle" kommen ohnehin aus der „ander Welt". Es kommt also auf meine Einstellung an, die den ästhetischen Raum (gr. *aisthesis* = Wahrnehmung) bildet, in dem sich Vorbewusstes und Bewusstsein zu Neuem verbinden kann.

Und während ich gestalte und in vielfältiger Wahrnehmungs-Beziehung stehe, spüre ich selbst eine seelische Belebung – und einen lebendigen Einklang mit der Welt, Herzweite, inneren Frieden.

Marianisches Leben: Raum, um Mögliches „zur Welt zu bringen".

Mit diesem Zeitnehmen, für das Schöne, für das Überflüssige, für das, was aus dem Einfachen einen neuen Wert entstehen lässt, setze ich einen Kontrapunkt zum entzauberten Alltag. Oft überrascht es mich selbst, was sich da gestaltet. Wie die Materialien (oder Worte, bei Briefen) sich fügen – wenn sie es nicht tun, bin vom „richtigen Weg" abgekommen. Die besten Ideen kann man nicht „machen", sie kommen im Während auf mich zu, ich nähre sie, ich treibe einen *Kult* mit ihrer Gestaltung.

Ja, das hat *kultische Züge*. Dessen bin ich mir bewusst. Das Zeit lassen, Eintreten in einen Imaginationsraum, sich absichtslos stellen. Raum geben. Ein Zitat des rumänischen Künstlers *Constantin Brancusi* (1876-1957) hing lange an meiner Pinnwand: *„Es ist nicht schwierig, die Dinge zu machen. Schwierig ist, sich in die Lage zu versetzen, sie werden zu lassen."*

Alle Künstler wissen davon – und alle Mystiker: Man kann nicht direkt hineinspringen ins Geheimnis dessen, was werden soll!

Es braucht den Kult, den Raum, die Zeit, um seelische Energie sich sammeln lassen, nähren mit Herzblut, wachsen lassen, *„Austragen und gebären"*, wie Rilke immer und immer wieder in Briefen und Tagebüchern seine Empfindung des Schöpfungsprozesses beschrieben hat. Das Neue will „Fleisch" werden (Joh 1) und wartet auf Bereitschaft für den schöpferischen Weckruf. Es ist derselbe Ruf, welcher das Wesen des religiösen Menschen seiner „göttlichen Abstammung" (Apg 17,29) wieder bewusst macht.

Immer und immer wieder: Austragen, nähren kommt *vor* dem Gebären. Ohne Maria kein Christus.

So war seit dem 15. Jh Maria auch als „Miterlöserin" (*salvatrix, redemptorix)* im symbolsensiblen, spirituell lebendigen Gespräch:

Sei gegrüßt, Raum Gottes ...
Gegrüßt, du in unsagbaren Ratschluss Eingeweihte,
gegrüßt, du Vertraute mit Dingen, denen Verschwiegenheit gebührt.
Gegrüßt, du Vorspiel der Wunder Christi,
gegrüßt du Inbegriff von allem, was über ihn gelehrt ...
Hymnos akathistos

Wir können auf das „marianische" „Vorspiel", das in der Bejahung und Öffnung für die „Wunder Christi liegt", nicht verzichten.

Die Programme der Bildungshäuser sind übervoll mit den verschiedensten meditativen Angeboten, christlichen und anderen. Das heißt, die meisten Menschen haben längst erkannt, dass man *Raum* braucht für die *„Einwurzelung im Geheimnis jenseits des Alltäglichen"* (Panikkar, Das Göttliche ..., S. 29), ein *Vorspiel.* Aber sie kämen kaum auf die Idee, *dass all diese Räume die Signatur des Marianischen haben* und des symbolischen Lebens tragen, das sie erlöst aus dem „Nichts-Als", aus der Trivialität ...

Maria. Nährerin des „heiligen Sinns" für die Wirklichkeit der „ander Welt": *„Mein täglicher Gottesdienst: des Anderen innezuwerden, sowohl in seiner Anwesenheit wie in seiner Abwesenheit"*, notiert der nicht eben kirchenfromme Peter Handke (Baumschattenwand, 98). Und an anderer Stelle: *„Was ist die Liturgie für den Tag? Und für den kommenden? Ich brau-*

*che so eine Liturgie, zur Sammlung, zum Mitdenken, zur Zusammenschau
und gegen den Menschenekel" (S. 57)*

Liturgie: Das kultische Herbeirufen des marianischen „heiligen Sinns",
der die Seele erhebt und erhöht und uns bewahrt vor dem Seelenverlust,
dem Verlust des Gewahrseins, dass wir zu einer größeren „Herrlichkeit"
gehören.

Vieles wäre zu phantasieren, wie man dem „entwirklichten" Marianischen neue symbolische Präsenz verleihen könnte. Vielleicht greifen
andere den Faden auf. Den Purpurfaden, den Maria auf vielen Verkündigungsbildern spinnt und aus dem die Wahrnehmung unseres Seins gewo-
ben ist. Denn wie unter den großen Lebensweberinnen der „heidnischen"
Zeit ist auch auf vielen Marienbildern ein Teppich ausgebreitet. Etwa auf
der Darstellung des Hans Holbein (Abb. 5).

Oder auf der Postkarte, die mir nun unvermutet, mitten in meine
Reflexion übers Spinnen und Weben zugespielt wird ...

Und die mich, salopp gesprochen, fast umhaut (Abb. 20).

Ich traue meinen Augen nicht: Nicht nur wegen des Teppichs. Eine Verkündigungsszene, in der Maria eine Krone trägt! Und *nicht* im Blickkontakt mit dem Engel, sondern, erhobenen Hauptes und in aufmerksamer,
selbstverständlicher Gelöstheit, Aug in Aug mit dem kosmischen Christus, dem „Bräutigam" selber, Verkündigung und Himmlische Hochzeit in
einem – eine solche Darstellung war mir bisher nicht begegnet.

Datiert ist das Bild mit „14. Jahrhundert". Tatsächlich kenne ich eines,
das ähnlich komponiert ist und heute in der Vatikan-Pinakothek hängt,
von *Gentile da Fabiano,* datiert „um 1419". Aber *Krone* trägt Maria da
keine, das habe ich noch nirgends gesehen bei einem Verkündigungsbild!

Es spielt hier keine Rolle, welches der beiden Bilder früher, welches später
gemalt ist, wer von wem „abgekupfert" haben könnte – nicht einmal, ob die
Krone irgendwann später dazukam (was anzunehmen ist). Es spielt keine,
denn mir erscheint im Moment dieses feine, unprätentiös und konzentriert
in Figur und Ausstattung gestaltete Bild des unbekannten Florentiners im
wahrsten Sinn „die Krönung" meiner abenteuerlichen Expedition!

Sicher ist: das „Vorspiel" hat bereits stattgefunden. Der Engel hat sein
Lied gesungen, die Botschaft übermittelt, und sie hat bei Maria ein Bei-

Abb. 20: „Firenze, Wunderbares Bild der Hl. Maria Verkündigung (unbekannter Toskaner XIV Jahrhd)"
steht auf der Rückseite meiner bejahrten Postkarte. Die Hand, die links aus einem dunkelgrünen Gewand
auf die Szene zeigt, lässt einen Ausschnitt vermuten. Ein in größerer künstlerischer Feinheit ausgeführtes
Pendant, datiert mit 1419, hängt in der Pinoteca Vaticana in Rom und nennt als Maler Gentile da Fabriano.
Doch mag die Darstellung des Gentile von der technischen Ausgestaltung her auch die Virtuosere sein: Die
Maria des „unbekannten Toskaners" erreicht eine lebensvolle Natürlichkeit sondergleichen. Aufmerksam
dem, was da aus einer anderen Dimension auf sie zukommt, zugewandt, zugleich gelassen und neugierig.
Und dann die Krone! „Verkündigung" und „Krönung", als „Himmlische Hochzeit" mit dem göttlichen
Bräutigam! Mag auch die Krone später hinzugekommen sein, sie ergänzt die natürliche Schlichtheit dieser
aufrechten und ganz in sich ruhenden Maria zu einer außerordentlichen Symbolgestalt: Ein schlichtes
„Mädchen aus dem Volk" – und doch voller klarer, königlicher Würde. Kein allzu präzis ausgeführtes Detail
in der Ausstattung des Raums lenkt ab von der Intensität des Geschehens zwischen den Beteiligten: dem
Boten mit der Strahlenaura (der seine „Verkündigung" schon überbracht hat) einerseits und andererseits
dem unmittelbaren Blickkontakt des Mädchens Maria mit dem „Bräutigam": Wunderbares Erkennen und
Erkanntwerden.

sichsein, eine Klarheit, eine in sich ruhende und zugewandte Aufmerksamkeit, eine so selbstverständliche Einfachheit und Souveränität bewirkt, wie ich sie noch in keiner Verkündigungsszene gesehen habe. Ihre Haltung ist von solcher Schlichtheit, dass sie die prachtvolle Krone trägt, als sei sie sich ihrer gar nicht bewusst. Sie strahlt eine Haltung aus, die C. G. Jung in seinen Erinnerungen als das eigentliche Kennzeichen *vollendeter Individuation* beschreibt (S. 300): Sie nimmt das Geschehen in *absolut gelöster Objektivität* wahr. Gelöst und gelassen: Verkündung und Vollendung in der Marienkrönung fallen ineins. Die Fabeltiere der Vorzeit, Symbole überwundener Altgläubigkeit und unbewusster Gefühlsfixierung, liegen ihr, fest eingewebt in den Lebensteppich, zu Füßen. Sie „fußt" darauf, wie die Immaculata auf der Schlange (Abb. 7).

Eine solche seelisch-geistig integrale Ganzheit hat eine Krone verdient. Eine *„Krone der Individuation"* sozusagen: Als starkes Signal an den Betrachter, sich bewusst zu werden, wofür die Verkündigungsmetapher steht: für den entscheidenden Moment der *Verwandlung* und der *Menschwerdung* als einer erfüllten Ganzheit. Für eine mögliche *objektive* Erkenntnis, die über alle rein gefühlsmäßige Bezogenheit hinausgeht als *„zentrales Geheimnis", „als ein Ja-Sagen zum Sein – ein unbedingtes ‚Ja' zu dem, was ist, ohne subjektive Einwände."* (Jung, Erinnerungen S. 300): *„Erst durch sie ist wirkliche Conjunctio möglich"* (Jung, Erinnerungen, 300).

Maria erkennt in diesem alles verwandelnden Blickaustausch, dass ihr Ich im tiefsten Grund Widerspiegelung des „Höheren Selbst" ist. Damit ist *sie*, Maria, nicht erst Christus, bereits der verwirklichte Mensch, der, seiner persönlichen Begrenztheit bewusst, zugleich frei und unmittelbar auf das Unendliche bezogen ist. Und dies hat C. G. Jung im Alter als *„entscheidende Frage für den Menschen"* angesehen (Erinnerungen S. 327 ff). Und die Florentiner Maria zeigt diese selbstverständliche Bereitschaft geradezu paradigmatisch: ohne emotionalen Aufruhr, ohne theatralische Euphorie oder jüngferlicher Abwehrhaltung. Mit der Anmut eines schlichten Mädchens aus dem Volk ist sie ganz und gar anwesend im „Augenblick", nimmt an, was kommen soll, wird zum Raum, ja zur „Königin der Individuation".

So scheint mich noch einmal ein unsichtbarer Finger darauf hin zu weisen, dass das Entscheidende, Anfängliche, das von allem Anfang an schon seine

Vollendung in sich trägt, nicht erst dort beginnt, wo wir es am gefühl-vollsten und anschaulich sichtbarsten suchen: im Krippenidyll der Weih-nachtsgeschichte.

Ein Satz von Christian Morgenstern fällt mir ein, den ich einmal in einer anthroposophischen Spruchsammlung gelesen habe und wo er sagt, wir stünden noch immer erst *am Anfang* eines wirklich geschauten Chri-stentums. Wie Karl Rahner sah er, dass der Christ der Zukunft nur als *Mystiker* denkbar ist, dem die religiösen Geschichtenerzählungen *durch-sichtig* geworden sind bis zum Grunde ihres innersten, unwandelbaren spi-rituellen Kerns. Der hineingefunden hat in diese „gelöste Objektivität" individuierter Menschlichkeit.

Nimmt die Maria des unbekannten Florentiners symbolisch dieses Wunder einer universalen Menschlichkeit und Menschheit vorweg? Einer Menschheit die *wirklich* in der Lage wäre, zu jenem Bewusstsein und zu der mystischen Objektivität zu finden, in der Gefühls-und Werturteile zurücktreten zu dieser Bejahung des gotterfüllten Augenblick allen Lebens? Das Wissen darum ist ja schon zeitalterlang und transkulturell überall vor-handen wie etwa dieser Satz von Daisetz Suzuki zeigt, des berühmten Bot-schafters des Zen, der mich seit vielen Jahren begleitet:

Um frei zu sein, muss Leben absolute Bejahung sein, muss alle möglichen Bedingungen, Beschränkungen und Gegensätze überschreiten, die seine freie Wirksamkeit behindern ...
Jede Antwort ist befriedigend, wenn sie eines Menschen innerstem Wesen entströmt, denn dieses ist absolute Bejahung.
Suzuki, Die große Befreiung, S. 93

Maria könnte für uns zur Symbolgestalt dieser Freiheit werden. Sie ist schon im Moment der Verkündigung eine Königin der Lebensbejahung und vergegenwärtigt damit das überzeitliche, „ewige" Mysterium der schöpferischen *unio mystica* zwischen Schöpferwort und Gestalt geben-der Sophia, welche in die Selbstoffenbarung Gottes in Mensch, Welt und Leben führt. Und zugleich die *creatio continua*, die unablässig weiter statt-findende Schöpfung, die an sich selbst schon Bejahung ist: Deren „*Lied in allen Dingen*" (Eichendorff) zu erkennen ist: Immerwährend anfänglich, und doch als konkrete Aufgabe in die Verantwortung unseres persönlichen, begrenzten Lebenshorizonts gestellt.

Und immer neu schießen in meinem Kaleidoskop die Glitzersteinchen zu neuen durchsichtigen Mustern zusammen, etwa durch einen Satz des Kardinals Kurt König: 2015 nannte er Maria eine *„Siegelbewahrerin der ganzen Schöpfung und (...) Maß einer ganzheitlichen Anthropologie und Protologie."* (Hangler, S.13)

„Protologie"? Das muss ich erst im Lexikon nachschauen und staune: Es macht Maria zur „Erstsprecherin" des christlichen (und psychologisch eines jeden) Neuanfangs. Maria, Initiale des Neuen und ohne Maria kein Christus. Und das macht das „Christusgeheimnis" nicht kleiner, sondern *weiter,* viel weiter!

Aber vielleicht sollten wir Maria als Symbolgestalt überhaupt nicht nur den Kirchen überlassen sondern sollten sie ganz bewusst in den weiten, überzeitlichen und überkonfessionellen Horizont ihrer initiatorischen Rolle im Werdeprozess des Menschen und der Schöpfung stellen. Denn wir können das uralte Geheimnis des numinosen Schöpferischen nicht erfahren, wenn wir nicht Welt, Materie und den Menschen selbst als mystischen „Raum Gottes" erkennen und würdigen.

Ich möchte die Taufkerze meiner Patentante noch einmal anzünden, einem kleinen, privaten Ritual Raum geben, mit Weihwasser und Weihrauch, wie ich es jeden Tag tue mit bescheidenen Teelichtern vor meiner geerbten Marienfigur mit dem Kind. Und ich möchte der Lauretanischen Litanei gern noch einen Marientitel hinzufügen: *„Regina Individuationis"* – Königin der Individuation.

Coda: „De Maria numquam satis" –
über Maria ist nie genug gesagt

Ein ganzes Jahr ist inzwischen vergangen. Wieder ist Vorweihnachtszeit, wieder habe ich die Krippe aufgebaut, unter Efeuzweigen aus dem Garten als Referenz an Dionysos, den „heidnischen" Vorläufer des Jesuskinds, wieder bin ich dabei Briefe und Geschenke zu gestalten, mit dem ganzen „ver-rückten" Zeitaufwand, den ich im letzten Kapitel geschildert habe.

Die marianischen Winke und meine Entdeckungen sind nicht weniger geworden, sodass sich die Erfahrung, über Maria sei nie genug gesagt, voll bestätigt hat. Die Sentenz ist über ein Jahrtausend alt, wurde immer mal wieder Bernhard von Clairvaux zugeschrieben und durch Lous-Marie St Grignion de Montfort (1673-1716) und sein „Goldenes Buch" über die richtige Marienverehrung bis ins marianische 19. Jahrhundert transportiert. Nach allem, was ich in der Zwischenzeit herausgefunden habe und noch dabei bin, herauszufinden, bin ich geneigt, dem Sätzlein recht zu geben.

Die „ander Welt", in der wir gründen, sowohl was ihre sichtbare Erscheinung in Mensch und Welt angeht, als auch ihre dunklen Hintergründe, sind unauslotbar.

Doch mit jedem Schritt, in dem wir die Vorläufigkeit aller Dogmatik und all dessen erkennen, was man rational wissen und quantifizieren kann, werden uns die Gedankengespinste unserer gewohnten Wahrnehmung wieder um ein wenig durchsichtiger, selbst wenn sie uns nur der *Ahnung* einer neuen, möglichen Wahrnehmungsweise näherbringen. *Jean Gebser* (1905-1973) hat diese neue Bewusstseinsstufe in seinem monumentalen, in der Zeit zwischen 1932 und 1949 entstandenen Werk „*Ursprung und Gegenwart*" die „integrale", auch die „aperspektivische" oder „diaphane" Struktur genannt. Sein Entwurf hat auch 60 Jahre später nichts an Brisanz eingebüsst, Visionäre wie Ken Wilber und alle, die eine „Mutation" des menschlichen Bewusstseins unmittelbar im Gange sehen, haben darauf aufgebaut.

Gebser hat Sichtweisen entwickelt, die in Ansätzen schon der visionäre Geist des Joachim von Fiore (1130-1225) vorausleuchten sah. Durch eine abenteuerliche Kette von Zu-Fällen haben mich jetzt diese Visionen jüngst wieder eingeholt und mich bewogen, meinen 25 Kapiteln (bei denen ich es eigentlich im Blick auf den 25. März als Datum der „Verkündigung" respektive Inkarnation eines neuen Bewusstseins, symbolisiert durch Christus, belassen wollte) noch eine Art „*Coda*" hinzuzufügen.

In Musik und Poesie ist eine *Coda* ein Ausklang, der tragende Motive zusammenfasst oder das Vorangegangene darüber hinaus in eine bedeutsame, sinnergänzende Wendung hineinführt.

Die phantastische Geschichte dieser Wendung möchte ich so kurz wie möglich erzählen.

Da mein Mann und ich seit vielen Jahren mehrmals im Jahr ins Beuroner Kloster fahren und uns trotz anfänglicher Vorbehalte der gedankliche Hintergrund des ägyptisierenden Stils der „Beuroner Kunst" zu fesseln begann, wollte ich mich endlich etwas eingehender mit Peter (Desiderius) Lenz (1832-1928) befassen. Wie viele Linien vom Christentum zurück in große ägyptische Traditionen führen, war schon in den 80er Jahren ein Thema der Religionsgeschichtler, und mir natürlich durch meine Arbeiten zu den Weisheitstexten und zu Maria bekannt. Meine Erfahrung lehrte mich allerdings, dass kirchlicherseits große Abwehr gegen die Möglichkeit solcher „heidnischer" Wurzeln bestand: „Das Christentum" sollte seine Aura des singulären Monoliths ohne Vorläufer keinesfalls verlieren.

Dagegen stand nun die ägyptisierende Bildsprache im Donautal. Auch, dass Desiderius Lenz sich beispielsweise nie gescheut hatte, auch als Benediktinermönch Maria und Isis ineins zu setzen.

In der Klosterbuchhandlung erstand ich einen Katalog zu einer Ausstellung in Karlsruhe, *„Ägypten, die Moderne, die Beuroner Kunstschule"* (2007/2008), Mitherausgeber Harald Siebenmorgen, ein profunder Kenner der Beuroner Kunst, der (ebenfalls Anfang der 80er Jahre) seine Dissertation darüber geschrieben hatte und als Professor zu Amt und Würden kam. Ich hatte ihn in Beuron einmal bei einem temperamentvollen Vortrag erlebt.

Nun las ich und staunte, auch, als wir am Sonntag unserer Abreise früh das Zimmer räumen mussten und bis zum Mittagessen im Aufenthaltsraum saßen. Eine Konstanzerin, die zum Wandern hergekommen war, hatte sich auf die Couch im Hintergrund gelegt. Irgendwann kam sie zu uns her. Ich hatte gerade eine Seite mit einer elektrisierenden Madonnen-darstellung aufgeschlagen: Die *„Madonna mit der Kugel"*, die Desiderius Lenz als 42-Jähriger in einer spontanen Intuition gestaltet hatte (Abb. 21).

Die Wanderfrau warf einen Blick darauf und sagte: „So eine hab ich neulich auf dem Flohmarkt um zwei Euro gekauft."

Mir blieb die Spucke weg. Da war ich seit fast 30 Jahren allen Arten von Madonnendar-stellungen auf der Spur, begeg-nete gerade einer derart verblüf-fenden Darstellung – und diese Frau berichtete in freundlich-bei-läufigen Alltagston, sie habe eine veritable Replik praktisch um nichts erworben!

„Diese, genau *diese* Figur haben Sie um *zwei Euro* auf dem Flohmarkt bekommen?" fragte ich immer wieder ungläu-big, „meine Güte, da täte ich viel dafür geben!"

Ja, irgendwie habe sie ihr gefallen, sie sei doch was Beson-deres mit dieser Kugel. Allerdings habe sie „a wengle komische Füß", und da sei auch was abge-brochen (die „Füß" waren die Enden der Mondsichel!). Eigent-lich habe sie es ja auch nicht so

Abb. 21: Peter (Desiderius) Lenz: Madonna mit der Kugel (vermutlich 1873). Lenz hat in dieser Statuette das Christuskind ersetzt durch ein Symbol größtmöglicher Offenheit. In der Kugel sieht er „das Weltall, als Sinnbild Gottes ... das ewig Vollkommene, Vollendete, Unermessliche, Ewig vollkommene ohne Anfang, kurz ein Etwas, das in keiner Weise überboten werden kann." Gegen Interpretationen, die in der Kugel einen „Apfel" sehen wollen, hat er sich verwehrt. Jedoch erlaubt der Gedanke, dass Maria („neue Eva") durch ihre Erkenntnis Protagonistin eines Bewusstseinssprungs wird (wie einst Eva durch den Apfel vom Baum der Erkenntnis) auch abseits traditioneller Dogmatik interessante symbolische Perspektiven.

mit der Madonna, sie übe Zen-Meditation und habe daheim Buddhafiguren, und darum stünde die Madonna halt jetzt in der Küche, sie passe nirgends so recht hin ...

Ich musste an mich halten, um nicht rund heraus zu fragen, ob ich sie ihr denn abkaufen könne, aber ein sicheres Gespür sagte mir, dass das ein Weg ohne jede Schönheit wäre. Also erzählte ich von dem, was ich so mache und gemacht habe, von meinen Marienforschungen, meinem Interesse jetzt für die Beuroner Kunst und meinem Staunen über diese seltsame Madonnenfigur usw. Wir sprachen von Konstanz, vom See (mein Mann hatte in Konstanz studiert), über ihr Faible für Meditationsgruppen, verschiedene Orte, wo sie besonders gerne hinging – ich immer wieder mit Blick auf das Katalogbild und kopfschüttelnd, wie „beiläufig" sie doch an ihren Fund gekommen war – und schließlich sagte sie schlicht: „Ich werde die Madonna mal fragen, ob sie vielleicht lieber zu Ihnen will. Ich sag Ihnen dann Bescheid, und wir überlegen, wie sie zu Ihnen kommt." Begeistert sagte ich sofort, dafür würde ich natürlich auch nach Konstanz fahren, aber ich merkte, sie hatte irgendetwas anderes im Sinn, und so tauschten wir nur einmal die Adressen und Telefonnummern.

„Geduld", sagte meine innere Stimme – und seltsamerweise machte es mir auch keinerlei Mühe, diesem erstaunlichen „Zufall" zu vertrauen und dem Weiteren gelassen seinen Lauf zu lassen.

Als wir uns dann nach dem Mittagessen beide freudig gestimmt über das Geschehene verabschiedeten, sagte sie: „Ich ruf Sie dann an – denn was mir dran gefällt ist vor allem *die G'schicht ...* ".

Ja, *„die G'schicht"* als „G'schicht an sich" und wie die weitergehen würde, die „G'schicht" und die Begegnung – das war das *Eigentliche*, worauf es ankam ... Und ein paar Tage später rief sie an, um mir zu sagen, sie habe die Madonna gefragt, und die wolle zu mir. Sie habe sie nun schön eingepackt, und eine Kursleiterin (die ich im Kloster ebenfalls kennengelernt hatte und die in einem Stuttgarter Vorort lebt, aber oft in Konstanz ist), nehme sie an einem der nächsten Wochenenden mit und würde mich dann anrufen: Eins sollte ins andre fließen, die „G'schicht" ging weiter, nichts Technisch-Anonymes wie ein Posttransport, sondern wieder eine persönliche Beziehung, die dann ebenfalls eine ungewöhnliche Note hatte: An meinem Geburtstag rief die Kursleiterin an und einen Tag später durfte ich am schön gedeckten Kaffeetisch bei den Stuttgarter Salvatorianen den kostbaren Schatz eines veritablen Gipsabgusses der Madonna mit der Kugel aus seiner sehr sorgfältigen und schichtenreichen Verpackung schälen … Alle drei staunten wir über den guten Zustand und die Ausstrahlung des Kunstwerks und ich konnte kaum fassen, so etwas geschenkt bekommen zu haben.

Zuhause damit angekommen, dauerte es keine halbe Stunde, bis ich wusste, wo sie einen würdigen Platz finden sollte: Etwas erhöht, damit man ihr über die Kugel konzentriert geneigtes feines Gesicht sehen kann, und nun schaut sie aus ihrer Erhabenheit und doch auch unmittelbaren Nähe auf mich am Schreibtisch herab: Wenn ich den Kopf hebe, bin ich in direktem Kontakt mit ihr.

Täglich sind wir in Zwiesprache, und auf gewisse Art fühle ich mich mit ihr auf neuartige Weise in Einklang. Ist sie nicht eine Imagination der Weltseele selbst? Der Weisheit Gottes, die den Menschen liebt und ihm helfen will, die Fülle des Lebens zu erkennen und zu verwirklichen (Spr 8, 35)? Und zeigt nicht die Kugel, die sie in der Hand hält, die Möglichkeit dieses Werdens zu einer Ganzheit des Seins, in der die Trennung zwischen den Polaritäten, zwischen meinem Dasein und den Umständen, in denen ich lebe, aufgehoben ist? Eine „Wiederherstellung des Ganzen" (Apg 3,21), „Gegenwärtigung des Ursprungs" im Großen wie im Kleinen, die sie beschützt, hegt, zusammenhält, werden und wachsen lässt?

Seitenweise Assoziationen habe ich notiert, und bei unserem letzten Beuron-Besuch im Advent kaufte ich mir Siebenmorgens Dissertation, fand darin auch Lenzens „G'schicht" von der Entstehung der Madonna mit der Kugel, die auch eine besondere ist. Rückblickend erzählt er, wie er lange um eine Darstellung des Gedankens „Maria mit dem Kinde" gerungen habe, redet von sich als dem „Bildner" in der 3. Person. Ich gebe ihm selbst das Wort:

Da stand eines Morgens plötzlich der Gedanke vor ihm: Man kann es auch so machen, auch So mit Nachdruck!! Zugleich war ihm, als ob er das Figürchen klar vor sich sähe, er griff nach Modellierholz und Ton, und in einer halben Stunde stand das Figürchen da, soweit deutlich in aller und jeder Form, dass alles wie fertig gedacht war.

*Faktisch war aber kein Denken vorausgegangen, auch nicht der Anfang
eines Denkens, sondern nur ein Sehen. Die Neigung des Kopfes, das Ding
in der Hand betrachtend, vor sich haltend, mit der anderen Hand als wie
es fromm beschützend, das war das Gesehene, Gezeigte.*

*Das Ding, in der Hand gehalten, sollte die Blüte einer Lilie sein, aus oder
auf einem unbewussten, ungekannten Körper sich entfaltend. Aber hier
war es, dass sich nun Schwierigkeiten einstellten; diese Lilienform, mit dem
doppelten Drei oder Dreizahl, erwies sich als so wenig plastisch, körper-
haft, dass es unmöglich war, sie in einem Material darzustellen, zu bilden,
namentlich wenn es als Gussform vervielfältigt werden sollte; es in seiner
Zierlichkeit in Metall darzustellen und daraufzustecken widersprach ganz
dem soliden Statuarischen, es so klein zu machen, die Dreierform der Lilie
nur andeutend war der Idee, dem Sinn nicht entsprechend, und so musste
auch dieses aufgegeben werden, und es blieb nur nunmehr der Körper, aus
dem, auf dem die Lilie sich entfaltend erscheinen sollte.*

*Diesen Körper nun als das Weltall, als Sinnbild des ewigen Wesens Got-
tes, als Kugel, die zugleich das Bild des Eins, alle Welt der Größen in sich
enthaltend, das ewig Vollkommene, Vollendete, Unermessliche, Ewig vollkommene ohne Anfang, kurz als ein Etwas, das in keiner Weise überboten
werden konnte. Das war und sollte der Inhalt, der Titel des Wesens dieses
Figürchens sein ...* (Siebenmorgen 1983, S. 193)

Was für eine visionäre Aufladung der Kugel! Wie in einem Hohlspiegel
ist das Schauen des Künstlers auf die *„Neigung des Kopfes, das Ding [!]
in der Hand betrachtend"* zentriert, und man spürt das beim Betrachten
der Statuette sofort, dass sich diese Beziehung im konzentriert schauenden
Blick der Maria auf die Kugel wiederholt. Das Erstaunlichste aber an Lenzens Ausdrucksweise ist die Ausdrucksweise *„das Ding"*. In Wolfram von
Eschenbachs „Parzival" wird so der *Heilige Gral* benannt. Wolfram war ein
Zeitgenosse des Joachim von Fiore ...

Die Glitzersteinchen meines Kaleidoskops geraten in vibrierende
Bewegung und ich habe Mühe, das Tempo der Drehung zu mäßigen: Welche Vielfalt an mythischen Einbindungen, welche Bedeutungsfülle wurden diesem „Zauberding" durch die Jahrhunderte hindurch zugeschrieben! Wolfram, Chrétien de Troyes, Robert de Boron, die Romantik mit

ihrer Neuentdeckung des Mittelalters, Fantasyliteratur der Neo-romantik, Psychologie: Der Heilige Gral, ob „Ding", Gefäß, Stein – letztlich steht er immer in Verbindung mit dem innersten Weisheitsgeheimnis des Seins, mit der Quelle des „über-flüssigen" Lebens, mit dem unendlicher Wandlungen fähigen und diese anregenden Allerheiligsten, mit dem leuchtenden Herzen des Alls, der kosmischen Geistsonne, dem Christus, dem innersten „Selbst", der Herzkraft im Menschen – und hält nicht die Madonna des Desiderius Lenz „das Ding" in Kugelgestalt direkt vor ihrem Herzen? In hingegebener Betrachtung versunken, es mit der Linken *„fromm beschützend"*, wie Lenz schreibt? Mein Kaleidoskop dreht sich unwiderstehlich weiter: Wird hier wirklich nur „fromm beschützt" oder in einem Zustand totalen Beisichseins etwas geradezu *beschworen*? Ist es nicht ein Bei-sich-sein, das zugleich ein Über-sich-hinaus-Sein ist, ein vergegenwärtigendes Schauen, womöglich *Durch-Schauen* dessen, was in dieses „*Ding*", die hochsymbolisch aufgeladene Kugelform „eingefaltet" ist?

Kehren wir kurz zurück zu den Erinnerungen des Künstlers, dem sein Name *„Desiderius"* Drang und Auftrag ist, Formgestalt annehmen zu lassen, was ihn sehnsuchtsvoll im Innersten bewegte: *„Das Ding, in der Hand gehalten, sollte die Blüte einer Lilie sein, aus oder auf einem unbewussten, ungekannten Körper sich entfaltend."*

Die Entfaltung der *Lilienblüte* möchte er zeigen – die Eigendynamik meines sich unaufhaltsam drehenden Kaleidoskops ist nicht zu stoppen: Ist doch in der Schau des Joachim von Fiore die *Lilie* das *Symbol Geistes und der Liebe-Weisheit,* ja, der Verheißung eines, neuen, weisheitsvollen Zeitalters, das auf seine Verwirklichung wartet. Und Lenz, der die Brisanz dieses Symbols in sich spürt, erfüllt vom Drang, durch eine ungewöhnliche, unverbrauchte Symbolform das Werden dieses „dritten Zeitalters" zu veranschaulichen, fühlt sich an der Gestaltung gescheitert. Illusionslos schildert er darum die technisch-formalen Gründe ...

Aber ist da wirklich ein Scheitern?

Das Muster der Glitzersteinchen in meinem Kaleidoskop hält für einen Augenblick still, bildet ein abgerundetes Ganzes.

Nein, Lenzens Darstellungsvermögen ist nicht gescheitert. Seine vorausgreifende Vision hat dem momentan spirituell Fassbaren einfach (noch) nicht „ent-sprochen". Aber es blieb als ein Mögliches erhalten, eingefaltet in das Symbol des Runden, der Kugel als Form des ewig Uranfänglichen, alles potentiell in sich Enthaltendes.

Ich wiederhole noch einmal, was er in dieser Kugel sieht:

> *Dieser Körper nun als das Weltall, als Sinnbild für das Wesen Gottes, als Kugel, die zugleich das Bild des Eins, alle Welt der Größen in sich enthaltend, das ewig Vollkommene Vollendete, Unermessliche, Ewig vollkommen ohne Anfang kurz ein Etwas, das in keiner Weise überboten werden konnte. Das war und sollte der Inhalt, der Titel des Wesens dieses Figürchens sein – das Volk gab ihm den Titel: Maria, Mutter des Lebens ...*

„*Des Lebens*" – der *Fülle und Ganzheit des Lebens* (Joh 10,10), die sie hält, beschützt, beschwört!

Und der letzte Satz stellt noch einmal klar, dass es eben nicht nur um „das Ding" in der Hand der Madonna geht, sondern um „das Figürchen" als *Einheit*: Um die in dieser „Neigung des Kopfes", diesem Halten, dieser Geste zwischen Bewahrung, Beziehung und Beschwörung gezeigten Vergegenwärtigung eines absoluten Einklangs des schauenden Haltens und Neuwerdens. Um die Vergegenwärtigung einer geheimnisvollen weisheitlich getragenen und erfüllten Vollständigkeit und Ganzheit, die dem spirituell erfüllten Bewusstsein augenblicksweise „gezeigt" wird. Und die doch immerzu und in immer vollständiger, schöpferischer Ursprünglichkeit zugegen ist.

Ob „Ding", „Gral", „Stein der Weisen", „Höheres Selbst": Die Kugel ist alchemistisches Gefäß und Symbol der „Quintessenz" höherer Einsicht, in der alle Trennung aufgehoben ist in integraler Liebe und Weisheit, deren Symbol sowohl Sophia/Maria als auch das göttliche Kind oder unser innerstes Selbst sind. Oder auch die Lilie, Sinnbild des Neuanfangs und des Lichts.

Der schöpferische Gestaltungsdrang des Desiderius Lenz hat ihn zur *Kugel* geführt, dem *Geistsymbol, das all dies enthält und doch auch darüber hinausweist*, und das ist kein Scheitern, keine Unzulänglichkeit: Der Kugel eignet hier eine rätselhafte Andersartigkeit, Offenheit und Abstraktion. Und – wie dem Ball als solares Symbol in alten heiligen Spielen – eine verblüffende Lebendigkeit. Die Kugel setzt etwas in Bewegung, signalisiert, dass auch wir uns in unseren religiösen Perspektiven weiterbewegen müssen, die gewohnten Perspektiven aufgeben in Dimensionen des A-Perspektivischen hinein, in denen – wie in einem Bild von Picasso, Braque oder Klee – Überblendungen neue, weiträumige, vieldimensionale Durch-Sichten erlauben. Als Symbol des anstehenden, menschheitlich „not-wendigen" evolutionären Wandlungs-und Bewusstseinsschritts, imaginierte Jean Gebser darum auch die *„sich bewegende und durchsichtige Kugel"*, die diesen Wandel vollgültig repräsentiert (Ursprung II, S. 466). Und auch das Marien-Dogma von 1950 erfasste er als *„eine großartige Botschaft und eine Mahnung an die ,neue Aufgabe' "*.

Diese Aufgabe aber ist eine Frage der vollständigen Individuation des Menschen und seiner Möglichkeiten und bedarf auch einer neuen Sicht auf Maria in ihrer Beziehung zum Offenbarwerden des Christusimpulses. Ohne Maria kein Christus. *Zusammen* sind sie in ihrer Beziehung zueinander überzeitliche, hochkomplexe christliche Symbole und als solche *„lebendige Wesen"*, welche *„die Keime weiterer Erfahrung"* in sich tragen. Genau genommen bilden sie ein unauftrennbares Ganzes, symbolisieren eine fundamentale Einheit. Wenn wir nicht in den heutigen Sackgassen stecken bleiben wollen, muss dieser religiöse Mythos immer wieder neu geschaut, meditiert, gedeutet und lebendig entwickelt werden. Es gibt kein *Nichts-als* …

Und wie zur Bestätigung überraschte mich das neue Jahr erneut mit einem Wink: Aus Beuron hatte ich ein Stundenbuch („Magnificat") mitgenommen. Darin fand ich gestern am „Erscheinungsfest", („*Epiphanias*") einen Holzschnitt aus dem *Speculum Romanum Salvationis* (Augsburg 1473, Abb. 22, S. 174): Den drei knienden Weisen erscheint als „Leitstern" im Offenen die gekrönte Maria mit Kind, in einer kreisrunden, sonnenhaften Aureole mit bewegtem Strahlenkranz – die „Kugel" des Desiderius Lenz ist „durchsichtig" geworden! Und was die Visionäre erschauen ist das das unablässig neu Aufgehende, allaugenblicklich sich individuierende göttliche Leben aus der *„ander Welt"*, aus dem *Raum Gottes, den der Raum nicht zu fassen vermag* …

Abb. 22: Speculum Romanum Salvationis (Augsburg 1473)

Literaturhinweise (Auswahl)

Angelus Silesius, Cherubinischer Wandersmann, Kritische Ausgabe, hrsg. v. Louise Gnädinger, Stuttgart 1984

Badde, Paul, Maria von Guadelupe, München 2004

Balthasar von, Hans Urs, Herrlichkeit – Eine theologische Ästhetik Bd 1, Einsiedeln 1988

Beck, Charlotte, Zen im Alltag, München 1990

Beinert, Wolfgang/Petri, Heinrich, Handbuch der Marienkunde, Regensburg 1984

Belting, Hans, Bild und Kult, München 1990

Bornkamm, Heinrich, Luther, Gestalt und Wirkung, Gütersloh 1975

Buber, Martin, Einsichten, Wiesbaden 1973

Capra, Fritjof, Steinl-Rast David, Wendezeit im Christentum, Bern 1991

Dürr, Hans-Peter, Warum es ums Ganze geht, Frankfurt 2011

Gebser, Jean, Ursprung und Gegenwart; München 1973/1988

Gnädinger, Louise (Hg), Deutsche Mystik, Zürich, 1989

Greshake, Gisbert, Maria-Ecclesia – Perspektiven einer marianisch grundierten Theologie in der Kirchenpraxis, Regensburg 2016

Guardini, Romano, Vom Geist der Liturgie, Freiburg 1953

Handke, Peter, Vor der Baumschattenwand nachts, Salzburg/Wien 2016

Haag, Kirchberger, Sölle, Ebertshäuser (Hg), Maria – die Gottesmutter in Glauben, Brauchtum und Kunst, Freiburg/Wien/Basel 1997/2004

Imbach, Josef, Marienverehrung zwischen Glaube und Aberglaube, Düsseldorf 2002

Jung, Carl Gustav, Antwort auf Hiob, Studienausgabe, Olten 1981

Jung, Carl Gustav/Wilhelm, Rudolf, Das Geheimnis der Goldenen Blüte, Olten u. Freiburg 1981

Jung, Carl Gustav, GW 4, GW 9/I, GW 10, GW 12, GW 18/I, Olten 1982

Jung, Carl Gustav, Erinnerungen, Träume, Gedanken, Olten 1984

Koepgen, Georg, Die Gnosis des Christentums, Trier 1978

Kozljanic, Joseph in: Lebensdenkerinnnen, VII. Jahrbuch für Lebensphilosophie, München 2014

Nigg, Walter, Heilige und Dichter, Zürich 1984

Novalis, Das Christentum und Europa, in: P. M. Lützler, Europa – Analysen und Visionen der Romantiker, Frankfurt 1882

Oster, Stefan (Hrsg), Papst Franziskus: Maria – Gedanken über die Mutter Gottes, Freiburg 2016

Pagliar, Vicenzo, Die sieben Worte Jesu am Kreuz, Würzburg 2011

Panikkar, Raimon, Der Weisheit eine Wohnung bereiten, München 1991

Posener, Alan, Maria, Ullstein Monographie, Reinbek 1999

v. Rad, Gerhard, Weisheit in Israel, Neukirchen-Vluyn 1985

Rahner, Maria und die Kirche – Vorreden zur Sophiologie, Basel 2011

Ratzinger, Joseph, Die Tochter Zion – Betrachtungen über den Marienglauben der Kirche, Einsiedeln 1977

Rilke, Rainer Maria, Das Marienleben, vorgestellt von Richard Exner, Frankfurt/Leipzig 1999

Romankiewicz, Brigitte, Die Schwarze Madonna – Hintergründe einer Symbolgestalt, Düsseldorf 2004

Romankiewicz, Brigitte, Sophia kehrt zurück – Evangelische Mystik im Schatten Luthers, München 2016

Schadewaldt, Wolfgang, Die Anfänge der Philosophie bei den Griechen, Frankfurt 1978

Schimmelpfennig, Reintraud, Die Geschichte der Marienverehrung im deutschen Protestantismus, Paderborn 1952

Schipflinger, Thomas, Sophia-Maria, München/Zürich 1988

Schleiermacher, Friedrich Daniel Ernst, Über die Religion, hrsg. von Andreas Arndt, Hamburg 2004

Schreiner, Klaus, Maria – Leben, Legenden, Symbole, München 2003

Siebenmorgen, Halald, Die Anfänge der „Beuroner Kunstschule", Sigmaringen 1983

Stählin, Wilhelm, Symbolon – vom gleichnishaften Denken, Stuttgart 1958

Steffensky, Schwarzbrot Spiritualität, Stuttgart 2006

Teilhard de Chardin, Pierre, Briefe an Leontine Zara, Freiburg 1967

Suzuki, Dausetz, Die große Befreiung, Hamburg, 1976

Teilhard de Chardin, Pierre, Hymne an das Ewig-Weibliche, Einsiedeln 1968

Brigitte Romankiewicz

geb. 1945, studierte Kunst, Deutsch und Religion für das Lehramt und war 20 Jahre als Lehrerin tätig. Weitere intensive Studien auf dem Gebiet der Religions-und Kulturgeschichte und der Psychologie führten sie zur Bildsprache des Symbolischen. Langjährige Dozentin am C. G. Jung-Institut Stuttgart.

Weitere Veröffentlichungen der Autorin

Sophia kehrt zurück – Evangelische Mystik im Schatten Luthers
Freiburg: Herder 2016

Was Hoffnung beflügelt: Ein Wegbegleiter zu Lebensmut und Sinn
Patmos Ostfildern 2010 (kostenloser download bci opus magnum.de)

Hoffnung neu entdecken
Patmos Düsseldorf 2008 (kostenloser download bei opus magnum.de)

Die Schwarze Madonna – Hintergründe einer Symbolgestalt
Patmos Düsseldorf 2004 (kostenloser download bei opus-magnum.de)

Urbilder des Vaters
Stendel Waiblingen 1998 (kostenloser download bei opus-magnum.de)